Larousse
de la
conjugaison

LIBRAIRIE LAROUSSE

17, rue du Montparnasse , 75006 PARIS

AVANT-PROPOS

L'orthographe constitue un obstacle des plus difficiles quand on apprend à écrire et quand, plus tard, on est amené à rédiger une lettre ou un rapport. Or, c'est précisément sur l'orthographe qu'on est jugé.

Et parmi les problèmes les plus épineux de l'orthographe, c'est sans aucun doute la conjugaison des verbes qui offre les difficultés les plus grandes en raison de la diversité des formes, des irrégularités et de la différence entre la prononciation et l'écriture : *appeler* ne se conjugue pas comme *peler*, ni *défaillir* comme *faillir*, ni *maudire* comme *dire*, ni *prévoir* comme *voir*.

Résoudre, à la troisième personne du singulier de l'indicatif présent *(il ... un problème)*, a-t-il un *t* ou un *d* ?

Devoir, émouvoir, mouvoir, au participe passé, prennent-ils un accent circonflexe au masculin comme au féminin, au singulier comme au pluriel ?

Connaissez-vous le futur de *bouillir*, le subjonctif de *conclure* ?

Ce livre, par ses tableaux de conjugaisons, par son index de plusieurs milliers de verbes, par le rappel de l'accord des participes passés, vous permettra de lever des hésitations, de corriger des erreurs et aussi de faire bien des découvertes inattendues.

Danielle BOUIX-LEEMAN
Hélène COLONNA-CESARI
Jean DUBOIS
Claude SOBOTKA-KANNAS

TABLE DES MATIÈRES

Le présent volume appartient à la dernière édition (revue et corrigée) de cet ouvrage. La date du copyright mentionnée ci-dessous ne concerne que le dépôt à Washington de la *première* édition.

© **Librairie Larousse, 1980.**

Librairie Larousse (Canada) limitée, propriétaire pour le Canada des droits d'auteur et des marques de commerce Larousse. — Distributeur exclusif au Canada : les Éditions Françaises Inc., licencié quant aux droits d'auteur et usager inscrit des marques pour le Canada.

ISBN 2-03-800001-8

Qu'est-ce que la conjugaison ?

La conjugaison est l'ensemble des formes que prend le verbe selon :

— les personnes (première, deuxième, troisième personne du singulier ou du pluriel) ;
— les temps (présent, passé, futur) ;
— les modes (indicatif, subjonctif, conditionnel, impératif, infinitif et participe).

Les verbes sont classés selon leur orthographe et leur prononciation (indiquée dans l'alphabet phonétique international).

Types de conjugaisons

Auxiliaires

1	avoir
2	être

Premier groupe (verbes en *-er*, participe présent *-ant*)

		FORMES ÉCRITES	PRONONCIATIONS
3	chanter (modèle de la conjugaison)	*chant-*	[ʃãt]
4	baisser	*baiss-*	[bɛs]/[bes]
5	pleurer	*pleur-*	[plœr]/[plør]
6	jouer	*jou-*	[ʒu]/[ʒw]
7	saluer	*salu-*	[saly]/[salɥ]
8	arguer	*argu-, arguë*	[argy]/[arg]
9	copier	*copi-*	[kopi]/[kopj]
10	prier	*pri-*	[pri]/[prij]
11	payer	*pai-, pay-*	[pɛ]/[pe]/[pɛj]/[pej]
12	grasseyer	*grassey-*	[grasɛj]/[grasej]
13	ployer	*ploi-, ploy-*	[plwa]/[plwaj]
14	essuyer	*essui-, essuy-*	[esɥi]/[esɥij]
15	créer	*cré-, crée*	[kre]/[krɛ]
16	avancer	*avanc-, avanç-*	[avãs]
17	manger	*mang-, mange-*	[mãʒ]
18	céder	*céd-, cèd-*	[sed]/[sɛd]
19	semer	*sem-, sèm-*	[səm]/[sɛm]
20	rapiécer	*rapiéc-, rapiéç-, rapièc-*	[rapjes]/[rapjɛs]
21	acquiescer	*aquiesc-, acquiesç-*	[akjes]/[akjɛs]

22	siéger	*siég-, siége-, sièg-*	[sjeʒ]/[sjɛʒ]
23	déneiger	*déneig-, déneige-*	[denɛʒ]/[deneʒ]
24	appeler	*appell-, appel-*	[apɛl]/[ap(ə)l]
25	peler	*pèl-, pel-*	[pɛl]/[pəl]
26	interpeller	*interpell-*	[ɛ̃tɛrpɛl]/[ɛ̃tɛrpəl]
27	jeter	*jett-, jet-*	[ʒɛt]/[ʒət]
28	acheter	*achèt-, achet-*	[aʃɛt]/[aʃ(ə)t]
29	dépecer	*dépec-, dépeç-, dépèc-*	[depɛs]/[depəs]
30	envoyer	*envoi-, envoy-, enver-*	[ɑ̃vwa]/[ɑ̃vwaj]/[ɑ̃ver]
31	aller	*all-, ir-, v-, aill-*	[al]/[ir]/[v]/[aj]

Deuxième groupe (verbes en *-ir*, participe présent *-issant*)

		FORMES ÉCRITES	PRONONCIATIONS
32	finir (modèle de la conjugaison)	*fin-*	[fin-]
33	haïr	*hai-, haï-*	[ɛ]/[ai]

Troisième groupe

a) verbes en *-ir*

34 ouvrir
35 fuir
36 dormir
37 mentir
38 servir
39 acquérir
40 venir
41 cueillir
42 mourir
43 partir
44 revêtir
45 courir
46 faillir
47 défaillir
48 bouillir
49 gésir
50 saillir
51 ouïr

b) verbes en *-oir*

52 recevoir
53 devoir
54 mouvoir
55 émouvoir
56 promouvoir
57 vouloir
58 pouvoir
59 savoir
60 valoir
61 prévaloir
62 voir
63 prévoir
64 pourvoir
65 asseoir
66 surseoir
67 seoir
68 pleuvoir
69 falloir
70 échoir
71 déchoir
72 choir

c) verbes en *-re*

73 vendre
74 répandre
75 répondre
76 mordre
77 perdre
78 rompre
79 prendre
80 craindre
81 peindre
82 joindre
83 battre
84 mettre
85 moudre
86 coudre
87 absoudre
88 résoudre
89 suivre
90 vivre
91 paraître
92 naître
93 croître
94 accroître
95 rire
96 conclure
97 nuire
98 conduire
99 écrire
100 suffire
101 confire
102 dire
103 contredire
104 maudire
105 bruire
106 lire
107 croire
108 boire
109 faire
110 plaire
111 taire
112 extraire
113 clore
114 vaincre
115 frire

Conjugaison active

— INFINITIF —

Présent	Passé
aimer	avoir aimé

— INDICATIF —

	Présent		Passé composé
j'	aime	ai	aimé
tu	aimes	as	aimé
il	aime	a	aimé
ns	aimons	avons	aimé
vs	aimez	avez	aimé
ils	aiment	ont	aimé

	Imparfait		Plus-que-parfait
j'	aimais	avais	aimé
tu	aimais	avais	aimé
il	aimait	avait	aimé
ns	aimions	avions	aimé
vs	aimiez	aviez	aimé
ils	aimaient	avaient	aimé

	Futur simple		Futur antérieur
j'	aimerai	aurai	aimé
tu	aimeras	auras	aimé
il	aimera	aura	aimé
ns	aimerons	aurons	aimé
vs	aimerez	aurez	aimé
ils	aimeront	auront	aimé

	Passé simple		Passé antérieur
j'	aimai	eus	aimé
tu	aimas	eus	aimé
il	aima	eut	aimé
ns	aimâmes	eûmes	aimé
vs	aimâtes	eûtes	aimé
ils	aimèrent	eurent	aimé

— PARTICIPE —

Présent	Passé
aimant	ayant aimé

— SUBJONCTIF —

		Présent		Passé
q.	j'	aime	aie	aimé
	tu	aimes	aies	aimé
	il	aime	ait	aimé
	ns	aimions	ayons	aimé
	vs	aimiez	ayez	aimé
	ils	aiment	aient	aimé

		Imparfait		Plus-que-parfait
q.	j'	aimasse	eusse	aimé
	tu	aimasses	eusses	aimé
	il	aimât	eût	aimé
	ns	aimassions	eussions	aimé
	vs	aimassiez	eussiez	aimé
	ils	aimassent	eussent	aimé

— CONDITIONNEL —

	Présent		Passé
j'	aimerais	aurais	aimé
tu	aimerais	aurais	aimé
il	aimerait	aurait	aimé
ns	aimerions	aurions	aimé
vs	aimeriez	auriez	aimé
ils	aimeraient	auraient	aimé

— IMPÉRATIF —

Présent		Passé
aime	aie	aimé
aimons	ayons	aimé
aimez	ayez	aimé

5

Temps surcomposés

Les temps surcomposés se forment avec le verbe *avoir* conjugué, suivi du verbe *avoir* au participe passé, et du verbe au participe passé :

> *J'ai eu flirté, dans ma jeunesse.*
> *J'ai eu été renversé par un camion, il y a bien longtemps.*

Dans les temps surcomposés, le verbe *avoir* ne peut être conjugué ni au passé simple, ni à l'impératif, ni à l'imparfait du subjonctif.

Conditionnel passé 2e forme

Cette forme ne figure pas dans nos tableaux de conjugaison : elle est identique, pour tout verbe, à celle du subjonctif plus-que-parfait.

Impératif

La deuxième personne de l'impératif présent ne prend pas d'-*s* :

— pour tous les verbes en -*er* :

> *Chante ! Tu chantes.*

— pour les verbes *assaillir*, *couvrir* (et ses composés), *cueillir* (et ses composés), *défaillir*, *offrir*, *ouvrir* (et ses composés), *souffrir*, *tressaillir*.

Le -*s* se maintient lorsque le verbe a un pronom complément *en* ou *y ;* il en est alors séparé par un trait d'union :

> *Chantes-y, à cette réunion !*
> *Offres-en, des bonbons !*

(Ces impératifs gardent la forme sans -*s* lorsque *en* et *y* sont suivis d'un infinitif : *Daigne en prendre, des bonbons.*)

Participe présent et adjectif verbal

On prendra garde à ne pas confondre l'orthographe du participe présent avec celle de l'adjectif verbal :

PARTICIPE PRÉSENT	ADJECTIF VERBAL	PARTICIPE PRÉSENT	ADJECTIF VERBAL
adhérant	adhérent	extravaguant	extravagant
affluant	affluent	fatiguant	fatigant
coïncidant	coïncident	fringuant	fringant
communiquant	communicant	influant	influent
convainquant	convaincant	intriguant	intrigant
convergeant	convergent	naviguant	navigant
détergeant	détergent	négligeant	négligent
différant	différent	précédant	précédent
divergeant	divergent	provoquant	provocant
émergeant	émergent	résidant	résident
équivalant	équivalent	somnolant	somnolent
excellant	excellent	suffoquant	suffocant
expédiant	expédient	vaquant	vacant

6

Conjugaison passive

INFINITIF

Présent	Passé
être aimé	avoir été aimé

PARTICIPE

Présent	Passé
étant aimé	ayant été aimé

INDICATIF

Présent

je	suis	aimé
tu	es	aimé
il	est	aimé
ns	sommes	aimés
vs	êtes	aimés
ils	sont	aimés

Passé composé

ai	été	aimé
as	été	aimé
a	été	aimé
avons	été	aimés
avez	été	aimés
ont	été	aimés

Imparfait

j'	étais	aimé
tu	étais	aimé
il	était	aimé
ns	étions	aimés
vs	étiez	aimés
ils	étaient	aimés

Plus-que-parfait

avais	été	aimé
avais	été	aimé
avait	été	aimé
avions	été	aimés
aviez	été	aimés
avaient	été	aimés

Futur simple

je	serai	aimé
tu	seras	aimé
il	sera	aimé
ns	serons	aimés
vs	serez	aimés
ils	seront	aimés

Futur antérieur

aurai	été	aimé
auras	été	aimé
aura	été	aimé
aurons	été	aimés
aurez	été	aimés
auront	été	aimés

Passé simple

je	fus	aimé
tu	fus	aimé
il	fut	aimé
ns	fûmes	aimés
vs	fûtes	aimés
ils	furent	aimés

Passé antérieur

eus	été	aimé
eus	été	aimé
eut	été	aimé
eûmes	été	aimés
eûtes	été	aimés
eurent	été	aimés

SUBJONCTIF

Présent

q. je	sois	aimé
tu	sois	aimé
il	soit	aimé
ns	soyons	aimés
vs	soyez	aimés
ils	soient	aimés

Passé

aie	été	aimé
aies	été	aimé
ait	été	aimé
ayons	été	aimés
ayez	été	aimés
aient	été	aimés

Imparfait

q. je	fusse	aimé
tu	fusses	aimé
il	fût	aimé
ns	fussions	aimés
vs	fussiez	aimés
ils	fussent	aimés

Plus-que-parfait

eusse	été	aimé
eusses	été	aimé
eût	été	aimé
eussions	été	aimés
eussiez	été	aimés
eussent	été	aimés

CONDITIONNEL

Présent

je	serais	aimé
tu	serais	aimé
il	serait	aimé
ns	serions	aimés
vs	seriez	aimés
ils	seraient	aimés

Passé

aurais	été	aimé
aurais	été	aimé
aurait	été	aimé
aurions	été	aimés
auriez	été	aimés
auraient	été	aimés

IMPÉRATIF

Présent

sois	aimé
soyons	aimés
soyez	aimés

Passé

aie	été	aimé
ayons	été	aimés
ayez	été	aimés

Conjugaison pronominale

Présent	Passé
se tromper	s'être trompé

—PARTICIPE —

Présent	Passé
se trompant	s'étant trompé

—INDICATIF —

Présent

je	me trompe	me	suis	trompé
tu	te trompes	t'	es	trompé
il	se trompe	s'	est	trompé
ns	ns trompons	ns	sommes	trompés
vs	vs trompez	vs	êtes	trompés
ils	se trompent	se	sont	trompés

Passé composé

—SUBJONCTIF —

Présent

q. je	me trompe	me	sois	trompé
tu	te trompes	te	sois	trompé
il	se trompe	se	soit	trompé
ns	ns trompions	ns	soyons	trompés
vs	vs trompiez	vs	soyez	trompés
ils	se trompent	se	soient	trompés

Passé

Imparfait / **Plus-que-parfait**

je	me trompais	m'	étais	trompé
tu	te trompais	t'	étais	trompé
il	se trompait	s'	était	trompé
ns	ns trompions	ns	étions	trompés
vs	vs trompiez	vs	étiez	trompés
ils	se trompaient	s'	étaient	trompés

Imparfait / **Plus-que-parfait**

q. je	me trompasse	me	fusse	trompé
tu	te trompasses	te	fusses	trompé
il	se trompât	se	fût	trompé
ns	ns trompassions	ns	fussions	trompés
vs	vs trompassiez	vs	fussiez	trompés
ils	se trompassent	se	fussent	trompés

—CONDITIONNEL —

Futur simple / **Futur antérieur**

je	me tromperai	me	serai	trompé
tu	te tromperas	te	seras	trompé
il	se trompera	se	sera	trompé
ns	ns tromperons	ns	serons	trompés
vs	vs tromperez	vs	serez	trompés
ils	se tromperont	se	seront	trompés

Présent / **Passé**

je	me tromperais	me	serais	trompé
tu	te tromperais	te	serais	trompé
il	se tromperait	se	serait	trompé
ns	ns tromperions	ns	serions	trompés
vs	vs tromperiez	vs	seriez	trompés
ils	se tromperaient	se	seraient	trompés

—IMPÉRATIF —

Passé simple / **Passé antérieur**

je	me trompai	me	fus	trompé
tu	te trompas	te	fus	trompé
il	se trompa	se	fut	trompé
ns	ns trompâmes	ns	fûmes	trompés
vs	vs trompâtes	vs	fûtes	trompés
ils	se trompèrent	se	furent	trompés

Présent / **Passé**

trompe-toi	*(inusité)*
trompons-nous	—
trompez-vous	—

Temps surcomposés : Avec les verbes pronominaux, les temps surcomposés se forment avec *être* conjugué, suivi du verbe *avoir* au participe passé, et du verbe au participe passé : *Quand je me suis eu réfugié dans la cabane, la pluie s'arrêta.*

Conjugaison interrogative

INFINITIF

Présent	Passé
rester	être resté

PARTICIPE

Présent	Passé
restant	resté

INDICATIF

Présent	Passé composé	
resté-je? *(rare)*	suis-je	resté?
restes-tu?	es-tu	resté?
reste-t-il?	est-il	resté?
restons-nous?	sommes-nous	restés?
restez-vous?	êtes-vous	restés?
restent-ils?	sont-ils	restés?

SUBJONCTIF

Présent	Passé
(n'existe pas)	*(n'existe pas)*
—	—
—	—
—	—
—	—
—	—

Imparfait	Plus-que-parfait	
restais-je?	étais-je	resté?
restais-tu?	étais-tu	resté?
restait-il?	était-il	resté?
restions-nous?	étions-nous	restés?
restiez-vous?	étiez-vous	restés?
restaient-ils?	étaient-ils	restés?

Imparfait	Plus-que-parfait
(n'existe pas)	*(n'existe pas)*
—	—
—	—
—	—
—	—
—	—

CONDITIONNEL

Futur simple	Futur antérieur	
resterai-je?	serai-je	resté?
resteras-tu?	seras-tu	resté?
restera-t-il?	sera-t-il	resté?
resterons-nous?	serons-nous	restés?
resterez-vous?	serez-vous	restés?
resteront-ils?	seront-ils	restés?

Présent	Passé	
resterais-je?	serais-je	resté?
resterais-tu?	serais-tu	resté?
resterait-il?	serait-il	resté?
resterions-nous?	serions-nous	restés?
resteriez-vous?	seriez-vous	restés?
resteraient-ils?	seraient-ils	restés?

IMPÉRATIF

Présent	Passé
(n'existe pas)	*(n'existe pas)*
—	—
—	—

Passé simple	Passé antérieur	
restai-je?	fus-je	resté? *(rare)*
restas-tu?	fus-tu	resté?
resta-t-il?	fut-il	resté?
restâmes-nous?	fûmes-nous	restés?
restâtes-vous?	fûtes-vous	restés?
restèrent-ils?	furent-ils	restés?

L'interrogation

Dans l'interrogation de langue soutenue, deux cas se présentent :

— ou bien le sujet est un pronom, et on a une inversion de l'ordre sujet-verbe :

> *Viens-tu ce soir ?*

— ou bien le sujet n'est pas un pronom ; il reste devant le verbe mais il est repris par un pronom après le verbe :

> *Paul vient-il ce soir ?*

Dans les deux cas, on a un trait d'union entre le verbe et le pronom.

Lorsque le pronom est une troisième personne, et que le verbe se termine par une voyelle, un *t* précédé et suivi d'un trait d'union apparaît entre le verbe et le pronom :

> *Va-t-il me laisser tranquille ?*
> *Chante-t-elle aussi bien qu'on le dit ?*
> *A-t-on pensé à l'avertir ?*

À l'oral, le *d* qui termine certains verbes du troisième groupe se prononce *t* :

> *Prend-il son médicament ?* [-til-]
> *Rend-elle régulièrement ses devoirs ?* [-tɛl-]

L'inversion de *je* après un verbe terminé par -e suppose une modification de la désinence, qui devient -é :

> *Chanté-je ce soir ?*

1 avoir

INFINITIF

Présent

avoir
[avwar]

Passé

avoir eu
[avwary]

PARTICIPE

Présent

ayant
[ejɑ̃]

Passé

eu, eue
[y]

INDICATIF

Présent

j'	ai	[ɛ]
tu	as	[a]
il	a	[a]
ns	avons	[avɔ̃]
vs	avez	[ave]
ils	ont	[ɔ̃]

Passé composé

ai	eu
as	eu
a	eu
avons	eu
avez	eu
ont	eu

SUBJONCTIF

Présent

q. j'	aie	[ɛ]
tu	aies	[ɛ]
il	ait	[ɛ]
ns	ayons	[ejɔ̃]
vs	ayez	[eje]
ils	aient	[ɛ]

Passé

aie	eu
aies	eu
ait	eu
ayons	eu
ayez	eu
aient	eu

Imparfait

j'	avais	[avɛ]
tu	avais	[avɛ]
il	avait	[avɛ]
ns	avions	[avjɔ̃]
vs	aviez	[avje]
ils	avaient	[avɛ]

Plus-que-parfait

avais	eu
avais	eu
avait	eu
avions	eu
aviez	eu
avaient	eu

Imparfait

q. j'	eusse	[ys]
tu	eusses	[ys]
il	eût	[y]
ns	eussions	[ysjɔ̃]
vs	eussiez	[ysje]
ils	eussent	[ys]

Plus-que-parfait

eusse	eu
eusses	eu
eût	eu
eussions	eu
eussiez	eu
eussent	eu

Futur simple

j'	aurai	[ɔre]
tu	auras	[ɔra]
il	aura	[ɔra]
ns	aurons	[ɔrɔ̃]
vs	aurez	[ɔre]
ils	auront	[ɔrɔ̃]

Futur antérieur

aurai	eu
auras	eu
aura	eu
aurons	eu
aurez	eu
auront	eu

CONDITIONNEL

Présent

j'	aurais	[ɔrɛ]
tu	aurais	[ɔrɛ]
il	aurait	[ɔrɛ]
ns	aurions	[ɔrjɔ̃]
vs	auriez	[ɔrje]
ils	auraient	[ɔrɛ]

Passé

aurais	eu
aurais	eu
aurait	eu
aurions	eu
auriez	eu
auraient	eu

Passé simple

j'	eus	[y]
tu	eus	[y]
il	eut	[y]
ns	eûmes	[ym]
vs	eûtes	[yt]
ils	eurent	[yr]

Passé antérieur

eus	eu
eus	eu
eut	eu
eûmes	eu
eûtes	eu
eurent	eu

IMPÉRATIF

Présent

aie	[ɛ]
ayons	[ejɔ̃]
ayez	[eje]

Passé

aie	eu
ayons	eu
ayez	eu

2 être

_____ INFINITIF _____

Présent	Passé
être	avoir été
[ɛtr]	[avwarete]

_____ PARTICIPE _____

Présent	Passé
étant	été
[etɑ̃]	[ete]

_____ INDICATIF _____

	Présent		Passé composé	
je	suis	[sɥi]	ai	été
tu	es	[ɛ]	as	été
il	est	[ɛ]	a	été
ns	sommes	[sɔm]	avons	été
vs	êtes	[ɛt]	avez	été
ils	sont	[sɔ̃]	ont	été

_____ SUBJONCTIF _____

		Présent		Passé	
q.	je	sois	[swa]	aie	été
	tu	sois	[swa]	aies	été
	il	soit	[swa]	ait	été
	ns	soyons	[swajɔ̃]	ayons	été
	vs	soyez	[swaje]	ayez	été
	ils	soient	[swa]	aient	été

	Imparfait		Plus-que-parfait	
j'	étais	[etɛ]	avais	été
tu	étais	[etɛ]	avais	été
il	était	[etɛ]	avait	été
ns	étions	[etjɔ̃]	avions	été
vs	étiez	[etje]	aviez	été
ils	étaient	[etɛ]	avaient	été

		Imparfait		Plus-que-parfait	
q.	je	fusse	[fys]	eusse	été
	tu	fusses	[fys]	eusses	été
	il	fût	[fy]	eût	été
	ns	fussions	[fysjɔ̃]	eussions	été
	vs	fussiez	[fysje]	eussiez	été
	ils	fussent	[fys]	eussent	été

_____ CONDITIONNEL _____

	Futur simple		Futur antérieur	
je	serai	[s(ə)re]	aurai	été
tu	seras	[s(ə)ra]	auras	été
il	sera	[s(ə)ra]	aura	été
ns	serons	[s(ə)rɔ̃]	aurons	été
vs	serez	[s(ə)re]	aurez	été
ils	seront	[s(ə)rɔ̃]	auront	été

	Présent		Passé	
je	serais	[s(ə)rɛ]	aurais	été
tu	serais	[s(ə)rɛ]	aurais	été
il	serait	[s(ə)rɛ]	aurait	été
ns	serions	[sərjɔ̃]	aurions	été
vs	seriez	[sərje]	auriez	été
ils	seraient	[s(ə)rɛ]	auraient	été

_____ IMPÉRATIF _____

	Passé simple		Passé antérieur	
je	fus	[fy]	eus	été
tu	fus	[fy]	eus	été
il	fut	[fy]	eut	été
ns	fûmes	[fym]	cûmes	été
vs	fûtes	[fyt]	eûtes	été
ils	furent	[fyr]	eurent	été

Présent		Passé	
sois	[swa]	aie	été
soyons	[swajɔ̃]	ayons	été
soyez	[swaje]	ayez	été

3 chanter

INFINITIF

Présent	Passé
chanter	avoir chanté
[ʃɑ̃te]	[avwarʃɑ̃te]

PARTICIPE

Présent	Passé
chantant	chanté, e
[ʃɑ̃tɑ̃]	[ʃɑ̃te]

INDICATIF

Présent

			Passé composé	
je	chante	[-ɑ̃t]	ai	chanté
tu	chantes	[-ɑ̃t]	as	chanté
il	chante	[-ɑ̃t]	a	chanté
ns	chantons	[-ɑ̃tɔ̃]	avons	chanté
vs	chantez	[-ɑ̃te]	avez	chanté
ils	chantent	[-ɑ̃t]	ont	chanté

Imparfait

			Plus-que-parfait	
je	chantais	[-ɑ̃tɛ]	avais	chanté
tu	chantais	[-ɑ̃tɛ]	avais	chanté
il	chantait	[-ɑ̃tɛ]	avait	chanté
ns	chantions	[-ɑ̃tjɔ̃]	avions	chanté
vs	chantiez	[-ɑ̃tje]	aviez	chanté
ils	chantaient	[-ɑ̃tɛ]	avaient	chanté

Futur simple

			Futur antérieur	
je	chanterai	[-ɑ̃tre]	aurai	chanté
tu	chanteras	[-ɑ̃tra]	auras	chanté
il	chantera	[-ɑ̃tra]	aura	chanté
ns	chanterons	[-ɑ̃trɔ̃]	aurons	chanté
vs	chanterez	[-ɑ̃tre]	aurez	chanté
ils	chanteront	[-ɑ̃trɔ̃]	auront	chanté

Passé simple

			Passé antérieur	
je	chantai	[-ɑ̃te]	eus	chanté
tu	chantas	[-ɑ̃ta]	eus	chanté
il	chanta	[-ɑ̃ta]	eut	chanté
ns	chantâmes	[-ɑ̃tam]	eûmes	chanté
vs	chantâtes	[-ɑ̃tat]	eûtes	chanté
ils	chantèrent	[-ɑ̃tɛr]	eurent	chanté

SUBJONCTIF

Présent

				Passé	
q. je	chante	[-ɑ̃t]	aie	chanté
tu	chantes	[-ɑ̃t]	aies	chanté
il	chante	[-ɑ̃t]	ait	chanté
ns	chantions	[-ɑ̃tjɔ̃]	ayons	chanté
vs	chantiez	[-ɑ̃tje]	ayez	chanté
ils	chantent	[-ɑ̃t]	aient	chanté

Imparfait

				Plus-que-parfait	
q. je	chantasse	[-ɑ̃tas]	eusse	chanté
tu	chantasses	[-ɑ̃tas]	eusses	chanté
il	chantât	[-ɑ̃ta]	eût	chanté
ns	chantassions	[-ɑ̃tasjɔ̃]	eussions	chanté
vs	chantassiez	[-ɑ̃tasje]	eussiez	chanté
ils	chantassent	[-ɑ̃tas]	eussent	chanté

CONDITIONNEL

Présent

			Passé	
je	chanterais	[-ɑ̃trɛ]	aurais	chanté
tu	chanterais	[-ɑ̃trɛ]	aurais	chanté
il	chanterait	[-ɑ̃trɛ]	aurait	chanté
ns	chanterions	[-ɑ̃tərjɔ̃]	aurions	chanté
vs	chanteriez	[-ɑ̃tərje]	auriez	chanté
ils	chanteraient	[-ɑ̃trɛ]	auraient	chanté

IMPÉRATIF

Présent			Passé	
chante	[-ɑ̃t]	aie	chanté
chantons	[-ɑ̃tɔ̃]	ayons	chanté
chantez	[-ɑ̃te]	ayez	chanté

4 baisser

— INFINITIF —

Présent	Passé
baisser	avoir baissé
[bese]	[avwarbese]

— PARTICIPE —

Présent	Passé
baissant	baissé, e
[besɑ̃]	[bese]

— INDICATIF —

Présent / Passé composé

	Présent		Passé composé	
je	baisse	[bɛs]	ai	baissé
tu	baisses	[bɛs]	as	baissé
il	baisse	[bɛs]	a	baissé
ns	baissons	[besɔ̃]	avons	baissé
vs	baissez	[bese]	avez	baissé
ils	baissent	[bɛs]	ont	baissé

Imparfait / Plus-que-parfait

	Imparfait		Plus-que-parfait	
je	baissais	[besɛ]	avais	baissé
tu	baissais	[besɛ]	avais	baissé
il	baissait	[besɛ]	avait	baissé
ns	baissions	[besjɔ̃]	avions	baissé
vs	baissiez	[besje]	aviez	baissé
ils	baissaient	[besɛ]	avaient	baissé

Futur simple / Futur antérieur

	Futur simple		Futur antérieur	
je	baisserai	[besre]	aurai	baissé
tu	baisseras	[bɛsra]	auras	baissé
il	baissera	[bɛsra]	aura	baissé
ns	baisserons	[bɛsrɔ̃]	aurons	baissé
vs	baisserez	[bɛsre]	aurez	baissé
ils	baisseront	[bɛsrɔ̃]	auront	baissé

Passé simple / Passé antérieur

	Passé simple		Passé antérieur	
je	baissai	[bese]	eus	baissé
tu	baissas	[besa]	eus	baissé
il	baissa	[besa]	eut	baissé
ns	baissâmes	[besɑm]	eûmes	baissé
vs	baissâtes	[besat]	eûtes	baissé
ils	baissèrent	[besɛr]	eurent	baissé

— SUBJONCTIF —

Présent / Passé

		Présent		Passé	
q.	je	baisse	[bɛs]	aie	baissé
	tu	baisses	[bɛs]	aies	baissé
	il	baisse	[bɛs]	ait	baissé
	ns	baissions	[besjɔ̃]	ayons	baissé
	vs	baissiez	[besje]	ayez	baissé
	ils	baissent	[bɛs]	aient	baissé

Imparfait / Plus-que-parfait

		Imparfait		Plus-que-parfait	
q.	je	baissasse	[besas]	eusse	baissé
	tu	baissasses	[besas]	eusses	baissé
	il	baissât	[besa]	eût	baissé
	ns	baissassions	[besasjɔ̃]	eussions	baissé
	vs	baissassiez	[besasje]	eussiez	baissé
	ils	baissassent	[besas]	eussent	baissé

— CONDITIONNEL —

Présent / Passé

	Présent		Passé	
je	baisserais	[besrɛ]	aurais	baissé
tu	baisserais	[besrɛ]	aurais	baissé
il	baisserait	[besrɛ]	aurait	baissé
ns	baisserions	[besərjɔ̃]	aurions	baissé
vs	baisseriez	[besərje]	auriez	baissé
ils	baisseraient	[besrɛ]	auraient	baissé

— IMPÉRATIF —

Présent		Passé	
baisse	[bɛs]	aie	baissé
baissons	[besɔ̃]	ayons	baissé
baissez	[bese]	ayez	baissé

5 pleurer

Présent	Passé
pleurer	avoir pleuré
[pløre]	[avwarpløre]

Présent	Passé
pleurant	pleuré, e
[plørɑ̃]	[pløre]

INDICATIF

	Présent		Passé composé	
je	pleure	[plœr]	ai	pleuré
tu	pleures	[plœr]	as	pleuré
il	pleure	[plœr]	a	pleuré
ns	pleurons	[plørɔ̃]	avons	pleuré
vs	pleurez	[pløre]	avez	pleuré
ils	pleurent	[plœr]	ont	pleuré

	Imparfait		Plus-que-parfait	
je	pleurais	[plørɛ]	avais	pleuré
tu	pleurais	[plørɛ]	avais	pleuré
il	pleurait	[plørɛ]	avait	pleuré
ns	pleurions	[plørjɔ̃]	avions	pleuré
vs	pleuriez	[plørje]	aviez	pleuré
ils	pleuraient	[plørɛ]	avaient	pleuré

	Futur simple		Futur antérieur	
je	pleurerai	[plør(ə)re]	aurai	pleuré
tu	pleureras	[plør(ə)ra]	auras	pleuré
il	pleurera	[plør(ə)ra]	aura	pleuré
ns	pleurerons	[plør(ə)rɔ̃]	aurons	pleuré
vs	pleurerez	[plør(ə)re]	aurez	pleuré
ils	pleureront	[plør(ə)rɔ̃]	auront	pleuré

	Passé simple		Passé antérieur	
je	pleurai	[pløre]	eus	pleuré
tu	pleuras	[pløra]	eus	pleuré
il	pleura	[pløra]	eut	pleuré
ns	pleurâmes	[pløram]	eûmes	pleuré
vs	pleurâtes	[plørat]	eûtes	pleuré
ils	pleurèrent	[pløsɛr]	eurent	pleuré

SUBJONCTIF

		Présent		Passé	
q.	je	pleure	[plœr]	aie	pleuré
	tu	pleures	[plœr]	aies	pleuré
	il	pleure	[plœr]	ait	pleuré
	ns	pleurions	[plørjɔ̃]	ayons	pleuré
	vs	pleuriez	[plørje]	ayez	pleuré
	ils	pleurent	[plœr]	aient	pleuré

		Imparfait		Plus-que-parfait	
q.	je	pleurasse	[pløras]	eusse	pleuré
	tu	pleurasses	[pløras]	eusses	pleuré
	il	pleurât	[pløra]	eût	pleuré
	ns	pleurassions	[plørasjɔ̃]	eussions	pleuré
	vs	pleurassiez	[plørasje]	eussiez	pleuré
	ils	pleurassent	[pløras]	eussent	pleuré

CONDITIONNEL

	Présent		Passé	
je	pleurerais	[plør(ə)rɛ]	aurais	pleuré
tu	pleurerais	[plør(ə)rɛ]	aurais	pleuré
il	pleurerait	[plør(ə)rɛ]	aurait	pleuré
ns	pleurerions	[plørərjɔ̃]	aurions	pleuré
vs	pleureriez	[plørərje]	auriez	pleuré
ils	pleureraient	[plør(ə)rɛ]	auraient	pleuré

IMPÉRATIF

Présent		Passé	
pleure	[plœr]	aie	pleuré
pleurons	[plørɔ̃]	ayons	pleuré
pleurez	[pløre]	ayez	pleuré

6 jouer

— INFINITIF —

Présent	Passé
jouer	avoir joué
[ʒwe]	[avwarʒwe]

— PARTICIPE —

Présent	Passé
jouant	joué, e
[ʒwã]	[ʒwe]

— INDICATIF —

	Présent		Passé composé	
je	joue	[ʒu]	ai	joué
tu	joues	[ʒu]	as	joué
il	joue	[ʒu]	a	joué
ns	jouons	[ʒwɔ̃]	avons	joué
vs	jouez	[ʒwe]	avez	joué
ils	jouent	[ʒu]	ont	joué

	Imparfait		Plus-que-parfait	
je	jouais	[ʒwɛ]	avais	joué
tu	jouais	[ʒwɛ]	avais	joué
il	jouait	[ʒwɛ]	avait	joué
ns	jouions	[ʒujɔ̃]	avions	joué
vs	jouiez	[ʒuje]	aviez	joué
ils	jouaient	[ʒwɛ]	avaient	joué

	Futur simple		Futur antérieur	
je	jouerai	[ʒure]	aurai	joué
tu	joueras	[ʒura]	auras	joué
il	jouera	[ʒura]	aura	joué
ns	jouerons	[ʒurɔ̃]	aurons	joué
vs	jouerez	[ʒure]	aurez	joué
ils	joueront	[ʒurɔ̃]	auront	joué

	Passé simple		Passé antérieur	
je	jouai	[ʒwe]	eus	joué
tu	jouas	[ʒwa]	eus	joué
il	joua	[ʒwa]	eut	joué
ns	jouâmes	[ʒwam]	eûmes	joué
vs	jouâtes	[ʒwat]	eûtes	joué
ils	jouèrent	[ʒwɛr]	eurent	joué

— SUBJONCTIF —

	Présent		Passé	
q. je	joue	[ʒu]	aie	joué
tu	joues	[ʒu]	aies	joué
il	joue	[ʒu]	ait	joué
ns	jouions	[ʒujɔ̃]	ayons	joué
vs	jouiez	[ʒuje]	ayez	joué
ils	jouent	[ʒu]	aient	joué

	Imparfait		Plus-que-parfait	
q. je	jouasse	[ʒwas]	eusse	joué
tu	jouasses	[ʒwas]	eusses	joué
il	jouât	[ʒwa]	eût	joué
ns	jouassions	[ʒwasjɔ̃]	eussions	joué
vs	jouassiez	[ʒwasje]	eussiez	joué
ils	jouassent	[ʒwas]	eussent	joué

— CONDITIONNEL —

	Présent		Passé	
je	jouerais	[ʒurɛ]	aurais	joué
tu	jouerais	[ʒurɛ]	aurais	joué
il	jouerait	[ʒurɛ]	aurait	joué
ns	jouerions	[ʒurjɔ̃]	aurions	joué
vs	joueriez	[ʒurje]	auriez	joué
ils	joueraient	[ʒurɛ]	auraient	joué

— IMPÉRATIF —

Présent		Passé	
joue	[ʒu]	aie	joué
jouons	[ʒwɔ̃]	ayons	joué
jouez	[ʒwe]	ayez	joué

7 saluer

— INFINITIF —

Présent	Passé
saluer	avoir salué
[salɥe]	[avwarsalɥe]

— PARTICIPE —

Présent	Passé
saluant	salué, e
[salɥɑ̃]	[salɥe]

— INDICATIF —

Présent

			Passé composé	
je	salue	[-ly]	ai	salué
tu	salues	[-ly]	as	salué
il	salue	[-ly]	a	salué
ns	saluons	[-lɥɔ̃]	avons	salué
vs	saluez	[-lɥe]	avez	salué
ils	saluent	[-ly]	ont	salué

Imparfait

			Plus-que-parfait	
je	saluais	[-lɥɛ]	avais	salué
tu	saluais	[-lɥɛ]	avais	salué
il	saluait	[-lɥɛ]	avait	salué
ns	saluions	[-lyjɔ̃]	avions	salué
vs	saluiez	[-lyje]	aviez	salué
ils	saluaient	[-lɥɛ]	avaient	salué

Futur simple

			Futur antérieur	
je	saluerai	[-lyre]	aurai	salué
tu	salueras	[-lyra]	auras	salué
il	saluera	[-lyra]	aura	salué
ns	saluerons	[-lyrɔ̃]	aurons	salué
vs	saluerez	[-lyre]	aurez	salué
ils	salueront	[-lyrɔ̃]	auront	salué

Passé simple

			Passé antérieur	
je	saluai	[-lɥe]	eus	salué
tu	saluas	[-lɥa]	eus	salué
il	salua	[-lɥa]	eut	salué
ns	saluâmes	[-lɥam]	eûmes	salué
vs	saluâtes	[-lɥat]	eûtes	salué
ils	saluèrent	[-lɥɛr]	eurent	salué

— SUBJONCTIF —

Présent

				Passé	
q. je	salue	[-ly]		aie	salué
tu	salues	[-ly]		aies	salué
il	salue	[-ly]		ait	salué
ns	saluions	[-lyjɔ̃]		ayons	salué
vs	saluiez	[-lyje]		ayez	salué
ils	saluent	[-ly]		aient	salué

Imparfait

				Plus-que-parfait	
q. je	saluasse	[-lɥas]		eusse	salué
tu	saluasses	[-lɥas]		eusses	salué
il	saluât	[-lɥa]		eût	salué
ns	saluassions	[-lɥasjɔ̃]		eussions	salué
vs	saluassiez	[-lɥasje]		eussiez	salué
ils	saluassent	[-lɥas]		eussent	salué

— CONDITIONNEL —

Présent

			Passé	
je	saluerais	[-lyrɛ]	aurais	salué
tu	saluerais	[-lyrɛ]	aurais	salué
il	saluerait	[-lyrɛ]	aurait	salué
ns	saluerions	[-lyrjɔ̃]	aurions	salué
vs	salueriez	[-lyrje]	auriez	salué
ils	salueraient	[-lyrɛ]	auraient	salué

— IMPÉRATIF —

Présent

			Passé	
salue	[-ly]		aie	salué
saluons	[-lɥɔ̃]		ayons	salué
saluez	[-lɥe]		ayez	salué

8 arguer

INFINITIF

Présent

arguer
[arg(ɥ)e]

Passé

avoir argué
[avwararg(ɥ)e]

PARTICIPE

Présent

arguant
[arg(ɥ)ɑ̃]

Passé

argué, e
[arg(ɥ)e]

INDICATIF

	Présent		Passé composé	
j'	argue	[-g]	ai	argué
	arguë	[-gy]		
tu	argues	[-g]	as	argué
	arguës	[-gy]		
il	argue	[-g]	a	argué
	arguë	[-gy]		
ns	arguons	[-g(ɥ)ɔ̃]	avons	argué
vs	arguez	[-g(ɥ)e]	avez	argué
ils	arguent	[-g]	ont	argué
	arguënt	[-gy]		

	Imparfait		Plus-que-parfait	
j'	arguais	[-g(ɥ)ɛ]	avais	argué
tu	arguais	[-g(ɥ)ɛ]	avais	argué
il	arguait	[-g(ɥ)ɛ]	avait	argué
ns	arguions	[-g(y)jɔ̃]	avions	argué
vs	arguiez	[-g(y)je]	aviez	argué
ils	arguaient	[-g(ɥ)ɛ]	avaient	argué

	Futur simple		Futur antérieur	
j'	arguerai	[-gəre]	aurai	argué
	arguërai	[-gyre]		
tu	argueras	[-gəra]	auras	argué
	arguëras	[-gyra]		
il	arguera	[-gəra]	aura	argué
	arguëra	[-gyra]		
ns	arguerons	[-gərɔ̃]	aurons	argué
	arguërons	[-gyrɔ̃]		
vs	arguerez	[-gəre]	aurez	argué
	arguërez	[-gyre]		
ils	argueront	[-gərɔ̃]	auront	argué
	arguëront	[-gyrɔ̃]		

	Passé simple		Passé antérieur	
j'	arguai	[-g(ɥ)e]	eus	argué
tu	arguas	[-g(ɥ)a]	eus	argué
il	argua	[-g(ɥ)a]	eut	argué
ns	arguâmes	[-g(ɥ)am]	eûmes	argué
vs	arguâtes	[-g(ɥ)at]	eûtes	argué
ils	arguèrent	[-g(ɥ)ɛr]	eurent	argué

SUBJONCTIF

	Présent		Passé	
q. j'	argue	[-g]	aie	argué
	arguë	[-gy]		
tu	argues	[-g]	aies	argué
	arguës	[-gy]		
il	argue	[-g]	ait	argué
	arguë	[-gy]		
ns	arguions	[-g(y)jɔ̃]	ayons	argué
vs	arguiez	[-g(y)je]	ayez	argué
ils	arguent	[-g]	aient	argué
	arguënt	[-gy]		

	Imparfait		Plus-que-parfait	
q. j'	arguasse	[-g(ɥ)as]	eusse	argué
tu	arguasses	[-g(ɥ)as]	eusses	argué
il	arguât	[-g(ɥ)a]	eût	argué
ns	arguassions	[-g(ɥ)asjɔ̃]	eussions	argué
vs	arguassiez	[-g(ɥ)asje]	eussiez	argué
ils	arguassent	[-g(ɥ)as]	eussent	argué

CONDITIONNEL

	Présent		Passé	
j'	arguerais	[-gərɛ]	aurais	argué
	arguërais	[-gyrɛ]		
tu	arguerais	[-gərɛ]	aurais	argué
	arguërais	[-gyrɛ]		
il	arguerait	[-gərɛ]	aurait	argué
	arguërait	[-gyrɛ]		
ns	arguerions	[-gərjɔ̃]	aurions	argué
	arguërions	[-gyrjɔ̃]		
vs	argueriez	[-gərje]	auriez	argué
	arguëriez	[-gyrje]		
ils	argueraient	[-gərɛ]	auraient	argué
	arguëraient	[-gyrɛ]		

IMPÉRATIF

Présent		Passé	
argue	[-g]	aie	argué
arguë	[-gy]		
arguons	[-g(ɥ)ɔ̃]	ayons	argué
arguez	[-g(ɥ)e]	ayez	argué

9 copier

— INFINITIF —

Présent	Passé
copier	avoir copié
[kɔpje]	[avwarkɔpje]

— PARTICIPE —

Présent	Passé
copiant	copié, e
[kɔpjɑ̃]	[kɔpje]

— INDICATIF —

Présent

			Passé composé	
je	copie	[-pi]	ai	copié
tu	copies	[-pi]	as	copié
il	copie	[-pi]	a	copié
ns	copions	[-pjɔ̃]	avons	copié
vs	copiez	[-pje]	avez	copié
ils	copient	[-pi]	ont	copié

Imparfait

			Plus-que-parfait	
je	copiais	[-pjɛ]	avais	copié
tu	copiais	[-pjɛ]	avais	copié
il	copiait	[-pjɛ]	avait	copié
ns	copiions	[-pijɔ̃]	avions	copié
vs	copiiez	[-pije]	aviez	copié
ils	copiaient	[-pjɛ]	avaient	copié

Futur simple

			Futur antérieur	
je	copierai	[-pire]	aurai	copié
tu	copieras	[-pira]	auras	copié
il	copiera	[-pira]	aura	copié
ns	copierons	[-pirɔ̃]	aurons	copié
vs	copierez	[-pire]	aurez	copié
ils	copieront	[-pirɔ̃]	auront	copié

Passé simple

			Passé antérieur	
je	copiai	[-pje]	eus	copié
tu	copias	[-pja]	eus	copié
il	copia	[-pja]	eut	copié
ns	copiâmes	[-pjam]	eûmes	copié
vs	copiâtes	[-pjat]	eûtes	copié
ils	copièrent	[-pjɛr]	eurent	copié

— SUBJONCTIF —

Présent

				Passé	
q. je	copie	[-pi]		aie	copié
tu	copies	[-pi]		aies	copié
il	copie	[-pi]		ait	copié
ns	copiions	[-pijɔ̃]		ayons	copié
vs	copiiez	[-pije]		ayez	copié
ils	copient	[-pi]		aient	copié

Imparfait

				Plus-que-parfait	
q. je	copiasse	[-pjas]		eusse	copié
tu	copiasses	[-pjas]		eusses	copié
il	copiât	[-pja]		eût	copié
ns	copiassions	[-pjasjɔ̃]		eussions	copié
vs	copiassiez	[-pjasje]		eussiez	copié
ils	copiassent	[-pjas]		eussent	copié

— CONDITIONNEL —

Présent

			Passé	
je	copierais	[-pirɛ]	aurais	copié
tu	copierais	[-pirɛ]	aurais	copié
il	copierait	[-pirɛ]	aurait	copié
ns	copierions	[-pirjɔ̃]	aurions	copié
vs	copieriez	[-pirje]	auriez	copié
ils	copieraient	[-pirɛ]	auraient	copié

— IMPÉRATIF —

Présent

		Passé	
copie	[-pi]	aie	copié
copions	[-pjɔ̃]	ayons	copié
copiez	[-pje]	ayez	copié

10 prier

___ INFINITIF ___

Présent	Passé
prier	avoir prié
[prije]	[avwarprije]

___ PARTICIPE ___

Présent	Passé
priant	prié, e
[prijã]	[prije]

___ INDICATIF ___

Présent		Passé composé	
je prie	[pri]	ai	prié
tu pries	[pri]	as	prié
il prie	[pri]	a	prié
ns prions	[prijõ]	avons	prié
vs priez	[prije]	avez	prié
ils prient	[pri]	ont	prié

Imparfait		Plus-que-parfait	
je priais	[prijɛ]	avais	prié
tu priais	[prijɛ]	avais	prié
il priait	[prijɛ]	avait	prié
ns priions	[prijjõ]	avions	prié
vs priiez	[prijje]	aviez	prié
ils priaient	[prijɛ]	avait	prié

Futur simple		Futur antérieur	
je prierai	[prire]	aurai	prié
tu prieras	[prira]	auras	prié
il priera	[prira]	aura	prié
ns prierons	[prirõ]	aurons	prié
vs prierez	[prire]	aurez	prié
ils prieront	[prirõ]	auront	prié

Passé simple		Passé antérieur	
je priai	[prije]	eus	prié
tu prias	[prija]	eus	prié
il pria	[prija]	eut	prié
ns priâmes	[prijam]	eûmes	prié
vs priâtes	[prijat]	eûtes	prié
ils prièrent	[prijɛr]	eurent	prié

___ SUBJONCTIF ___

Présent		Passé	
q. je prie	[pri]	aie	prié
tu pries	[pri]	aies	prié
il prie	[pri]	ait	prié
ns priions	[prijjõ]	ayons	prié
vs priiez	[prijje]	ayez	prié
ils prient	[pri]	aient	prié

Imparfait		Plus-que-parfait	
q. je priasse	[prijas]	eusse	prié
tu priasses	[prijas]	eusses	prié
il priât	[prija]	eût	prié
ns priassions	[prijasjõ]	eussions	prié
vs priassiez	[prijasje]	eussiez	prié
ils priassent	[prijas]	eussent	prié

___ CONDITIONNEL ___

Présent		Passé	
je prierais	[prirɛ]	aurais	prié
tu prierais	[prirɛ]	aurais	prié
il prierait	[prirɛ]	aurait	prié
ns prierions	[prirjõ]	aurions	prié
vs prieriez	[prirje]	auriez	prié
ils prieraient	[prirɛ]	auraient	prié

___ IMPÉRATIF ___

Présent		Passé	
prie	[pri]	aie	prié
prions	[prijõ]	ayons	prié
priez	[prije]	ayez	prié

11 payer (1)

INFINITIF

Présent	Passé
payer	avoir payé
[peje]	[avwarpeje]

PARTICIPE

Présent	Passé
payant	payé, e
[pejɑ̃]	[peje]

INDICATIF

Présent		Passé composé	
je paie	[pɛ]	ai	payé
tu paies	[pɛ]	as	payé
il paie	[pɛ]	a	payé
ns payons	[pejɔ̃]	avons	payé
vs payez	[peje]	avez	payé
ils paient	[pɛ]	ont	payé

Imparfait		Plus-que-parfait	
je payais	[pejɛ]	avais	payé
tu payais	[pejɛ]	avais	payé
il payait	[pejɛ]	avait	payé
ns payions	[pejjɔ̃]	avions	payé
vs payiez	[pejje]	aviez	payé
ils payaient	[pejɛ]	avaient	payé

Futur simple		Futur antérieur	
je paierai	[pere]	aurai	payé
tu paieras	[pera]	auras	payé
il paiera	[pera]	aura	payé
ns paierons	[perɔ̃]	aurons	payé
vs paierez	[pere]	aurez	payé
ils paieront	[perɔ̃]	auront	payé

Passé simple		Passé antérieur	
je payai	[peje]	eus	payé
tu payas	[peja]	eus	payé
il paya	[peja]	eut	payé
ns payâmes	[pejam]	eûmes	payé
vs payâtes	[pejat]	eûtes	payé
ils payèrent	[pejɛr]	eurent	payé

SUBJONCTIF

Présent		Passé	
q. je paie	[pɛ]	aie	payé
tu paies	[pɛ]	aies	payé
il paie	[pɛ]	ait	payé
ns payions	[pejjɔ̃]	ayons	payé
vs payiez	[pejje]	ayez	payé
ils paient	[pɛ]	aient	payé

Imparfait		Plus-que-parfait	
q. je payasse	[pejas]	eusse	payé
tu payasses	[pejas]	eusses	payé
il payât	[peja]	eût	payé
ns payassions	[pejasjɔ̃]	eussions	payé
vs payassiez	[pejasje]	eussiez	payé
ils payassent	[pejas]	eussent	payé

CONDITIONNEL

Présent		Passé	
je paierais	[perɛ]	aurais	payé
tu paierais	[perɛ]	aurais	payé
il paierait	[perɛ]	aurait	payé
ns paierions	[perjɔ̃]	aurions	payé
vs paieriez	[perje]	auriez	payé
ils paieraient	[perɛ]	auraient	payé

IMPÉRATIF

Présent		Passé	
paie	[pɛ]	aie	payé
payons	[pejɔ̃]	ayons	payé
payez	[peje]	ayez	payé

Remarque : Pour certains grammairiens, le verbe *rayer* (et ses composés) garde le *y* dans toute sa conjugaison — cf. *payer* (2).

11 payer (2)

INFINITIF

Présent	Passé
payer	avoir payé
[peje]	[avwarpeje]

PARTICIPE

Présent	Passé
payant	payé, e
[pejɑ̃]	[peje]

INDICATIF

Présent

			Passé composé	
je	paye	[pɛj]	ai	payé
tu	payes	[pɛj]	as	payé
il	paye	[pɛj]	a	payé
ns	payons	[pejɔ̃]	avons	payé
vs	payez	[peje]	avez	payé
ils	payent	[pɛj]	ont	payé

Imparfait

			Plus-que-parfait	
je	payais	[pejɛ]	avais	payé
tu	payais	[pejɛ]	avais	payé
il	payait	[pejɛ]	avait	payé
ns	payions	[pejjɔ̃]	avions	payé
vs	payiez	[pejje]	aviez	payé
ils	payaient	[pejɛ]	avaient	payé

Futur simple

			Futur antérieur	
je	payerai	[pejre]	aurai	payé
tu	payeras	[pejra]	auras	payé
il	payera	[pejra]	aura	payé
ns	payerons	[pejrɔ̃]	aurons	payé
vs	payerez	[pejre]	aurez	payé
ils	payeront	[pejrɔ̃]	auront	payé

Passé simple

			Passé antérieur	
je	payai	[peje]	eus	payé
tu	payas	[peja]	eus	payé
il	paya	[peja]	eut	payé
ns	payâmes	[pejam]	eûmes	payé
vs	payâtes	[pejat]	eûtes	payé
ils	payèrent	[pejɛr]	eurent	payé

SUBJONCTIF

Présent

				Passé	
q. je	paye	[pɛj]	aie	payé
tu	payes	[pɛj]	aies	payé
il	paye	[pɛj]	ait	payé
ns	payions	[pejjɔ̃]	ayons	payé
vs	payiez	[pejje]	ayez	payé
ils	payent	[pɛj]	aient	payé

Imparfait

				Plus-que-parfait	
q. je	payasse	[pejas]	eusse	payé
tu	payasses	[pejas]	eusses	payé
il	payât	[peja]	eût	payé
ns	payassions	[pejasjɔ̃]	eussions	payé
vs	payassiez	[pejasje]	eussiez	payé
ils	payassent	[pejas]	eussent	payé

CONDITIONNEL

Présent

				Passé	
je	payerais	[pɛjrɛ]	aurais	payé
tu	payerais	[pɛjrɛ]	aurais	payé
il	payerait	[pɛjrɛ]	aurait	payé
ns	payerions	[pɛjərjɔ̃]	aurions	payé
vs	payeriez	[pɛjərje]	auriez	payé
ils	payeraient	[pɛjrɛ]	auraient	payé

IMPÉRATIF

Présent

			Passé	
paye	[pɛj]	aie	payé
payons	[pejɔ̃]	ayons	payé
payez	[peje]	ayez	payé

12 grasseyer

INFINITIF

Présent	Passé
grasseyer	avoir grasseyé
[graseje]	[avwargraseje]

PARTICIPE

Présent	Passé
grasseyant	grasseyé, e
[grasejɑ̃]	[graseje]

INDICATIF

Présent		Passé composé	
je	grasseye [-sɛj]	ai	grasseyé
tu	grasseyes [-sɛj]	as	grasseyé
il	grasseye [-sɛj]	a	grasseyé
ns	grasseyons [-sejɔ̃]	avons	grasseyé
vs	grasseyez [-seje]	avez	grasseyé
ils	grasseyent [-sɛj]	ont	grasseyé

Imparfait		Plus-que-parfait	
je	grasseyais [-sejɛ]	avais	grasseyé
tu	grasseyais [-sejɛ]	avais	grasseyé
il	grasseyait [-sejɛ]	avait	grasseyé
ns	grasseyions [-sejjɔ̃]	avions	grasseyé
vs	grasseyiez [-sejje]	aviez	grasseyé
ils	grasseyaient [-sejɛ]	avaient	grasseyé

Futur simple		Futur antérieur	
je	grasseyerai [-sejre]	aurai	grasseyé
tu	grasseyeras [-sejra]	auras	grasseyé
il	grasseyera [-sejra]	aura	grasseyé
ns	grasseyerons [-sejrɔ̃]	aurons	grasseyé
vs	grasseyerez [-sejre]	aurez	grasseyé
ils	grasseyeront [-sejrɔ̃]	auront	grasseyé

Passé simple		Passé antérieur	
je	grasseyai [-seje]	eus	grasseyé
tu	grasseyas [-seja]	eus	grasseyé
il	grasseya [-seja]	eut	grasseyé
ns	grasseyâmes [-sejam]	eûmes	grasseyé
vs	grasseyâtes [-sejat]	eûtes	grasseyé
ils	grasseyèrent [-sejɛr]	eurent	grasseyé

SUBJONCTIF

Présent		Passé	
q. je	grasseye [-sɛj]	aie	grasseyé
tu	grasseyes [-sɛj]	aies	grasseyé
il	grasseye [-sɛj]	ait	grasseyé
ns	grasseyions [-sejjɔ̃]	ayons	grasseyé
vs	grasseyiez [-sejje]	ayez	grasseyé
ils	grasseyent [-sɛj]	aient	grasseyé

Imparfait		Plus-que-parfait	
q. je	grasseyasse [-sejas]	eusse	grasseyé
tu	grasseyasses [-sejas]	eusses	grasseyé
il	grasseyât [-seja]	eût	grasseyé
ns	grasseyassions [-sejasjɔ̃]	eussions	grasseyé
vs	grasseyassiez [-sejasje]	eussiez	grasseyé
ils	grasseyassent [-sejas]	eussent	grasseyé

CONDITIONNEL

Présent		Passé	
je	grasseyerais [-sɛjrɛ]	aurais	grasseyé
tu	grasseyerais [-sɛjrɛ]	aurais	grasseyé
il	grasseyerait [-sɛjrɛ]	aurait	grasseyé
ns	grasseyerions [-sejərjɔ̃]	aurions	grasseyé
vs	grasseyeriez [-sejərje]	auriez	grasseyé
ils	grasseyeraient [-sɛjrɛ]	auraient	grasseyé

IMPÉRATIF

Présent		Passé	
grasseye	[-sɛj]	aie	grasseyé
grasseyons	[-sejɔ̃]	ayons	grasseyé
grasseyez	[-seje]	ayez	grasseyé

13 ployer

─ INFINITIF ─

Présent

ployer
[plwaje]

Passé

avoir ployé
[avwarplwaje]

─ PARTICIPE ─

Présent

ployant
[plwajɑ̃]

Passé

ployé, e
[plwaje]

─ INDICATIF ─

Présent

je	ploie	[-wa]
tu	ploies	[-wa]
il	ploie	[-wa]
ns	ployons	[-wajɔ̃]
vs	ployez	[-waje]
ils	ploient	[-wa]

Passé composé

ai	ployé
as	ployé
a	ployé
avons	ployé
avez	ployé
ont	ployé

─ SUBJONCTIF ─

Présent

q.	je	ploie	[-wa]
	tu	ploies	[-wa]
	il	ploie	[-wa]
	ns	ployions	[-wajjɔ̃]
	vs	ployiez	[-wajje]
	ils	ploient	[-wa]

Passé

aie	ployé
aies	ployé
ait	ployé
ayons	ployé
ayez	ployé
aient	ployé

Imparfait

je	ployais	[-wajɛ]
tu	ployais	[-wajɛ]
il	ployait	[-wajɛ]
ns	ployions	[-wajjɔ̃]
vs	ployiez	[-wajje]
ils	ployaient	[-wajɛ]

Plus-que-parfait

avais	ployé
avais	ployé
avait	ployé
avions	ployé
aviez	ployé
avaient	ployé

Imparfait

q.	je	ployasse	[-wajas]
	tu	ployasses	[-wajas]
	il	ployât	[-waja]
	ns	ployassions	[-wajasjɔ̃]
	vs	ployassiez	[-wajasje]
	ils	ployassent	[-wajas]

Plus-que-parfait

eusse	ployé
eusses	ployé
eût	ployé
eussions	ployé
eussiez	ployé
eussent	ployé

─ CONDITIONNEL ─

Présent

je	ploierais	[-warɛ]
tu	ploierais	[-warɛ]
il	ploierait	[-warɛ]
ns	ploierions	[-warjɔ̃]
vs	ploieriez	[-warje]
ils	ploieraient	[-warɛ]

Passé

aurais	ployé
aurais	ployé
aurait	ployé
aurions	ployé
auriez	ployé
auraient	ployé

Futur simple

je	ploierai	[-ware]
tu	ploieras	[-wara]
il	ploiera	[-wara]
ns	ploierons	[-warɔ̃]
vs	ploierez	[-ware]
ils	ploieront	[-warɔ̃]

Futur antérieur

aurai	ployé
auras	ployé
aura	ployé
aurons	ployé
aurez	ployé
auront	ployé

─ IMPÉRATIF ─

Présent

ploie	[-wa]

ployons	[-wajɔ̃]
ployez	[-waje]

Passé

aie	ployé

ayons	ployé
ayez	ployé

Passé simple

je	ployai	[-waje]
tu	ployas	[-waja]
il	ploya	[-waja]
ns	ployâmes	[-wajam]
vs	ployâtes	[-wajat]
ils	ployèrent	[-wajɛr]

Passé antérieur

eus	ployé
eus	ployé
eut	ployé
eûmes	ployé
eûtes	ployé
eurent	ployé

14 essuyer

INFINITIF

Présent	Passé
essuyer	avoir essuyé
[esɥije]	[avwaresɥije]

PARTICIPE

Présent	Passé
essuyant	essuyé, e
[esɥijɑ̃]	[esɥije]

INDICATIF

Présent

j'	essuie	[-ɥi]
tu	essuies	[-ɥi]
il	essuie	[-ɥi]
ns	essuyons	[-ɥijɔ̃]
vs	essuyez	[-ɥije]
ils	essuient	[-ɥi]

Passé composé

ai	essuyé
as	essuyé
a	essuyé
avons	essuyé
avez	essuyé
ont	essuyé

Imparfait

j'	essuyais	[-ɥijɛ]
tu	essuyais	[-ɥijɛ]
il	essuyait	[-ɥijɛ]
ns	essuyions	[-ɥijjɔ̃]
vs	essuyiez	[-ɥijje]
ils	essuyaient	[-ɥijɛ]

Plus-que-parfait

avais	essuyé
avais	essuyé
avait	essuyé
avions	essuyé
aviez	essuyé
avaient	essuyé

Futur simple

j'	essuierai	[-ɥire]
tu	essuieras	[-ɥira]
il	essuiera	[-ɥira]
ns	essuierons	[-ɥirɔ̃]
vs	essuierez	[-ɥire]
ils	essuieront	[-ɥirɔ̃]

Futur antérieur

aurai	essuyé
auras	essuyé
aura	essuyé
aurons	essuyé
aurez	essuyé
auront	essuyé

Passé simple

j'	essuyai	[-ɥije]
tu	essuyas	[-ɥija]
il	essuya	[-ɥija]
ns	essuyâmes	[-ɥijam]
vs	essuyâtes	[-ɥijat]
ils	essuyèrent	[-ɥijɛr]

Passé antérieur

eus	essuyé
eus	essuyé
eut	essuyé
eûmes	essuyé
eûtes	essuyé
eurent	essuyé

SUBJONCTIF

Présent

q. j'	essuie	[-ɥi]
tu	essuies	[-ɥi]
il	essuie	[-ɥi]
ns	essuyions	[-ɥijjɔ̃]
vs	essuyiez	[-ɥijje]
ils	essuient	[-ɥi]

Passé

aie	essuyé
aies	essuyé
ait	essuyé
ayons	essuyé
ayez	essuyé
aient	essuyé

Imparfait

q. j'	essuyasse	[-ɥijas]
tu	essuyasses	[-ɥijas]
il	essuyât	[-ɥija]
ns	essuyassions	[-ɥijasjɔ̃]
vs	essuyassiez	[-ɥijasje]
ils	essuyassent	[-ɥijas]

Plus-que-parfait

eusse	essuyé
eusses	essuyé
eût	essuyé
eussions	essuyé
eussiez	essuyé
eussent	essuyé

CONDITIONNEL

Présent

j'	essuierais	[-ɥirɛ]
tu	essuierais	[-ɥirɛ]
il	essuierait	[-ɥirɛ]
ns	essuierions	[-ɥirjɔ̃]
vs	essuieriez	[-ɥirje]
ils	essuieraient	[-ɥirɛ]

Passé

aurais	essuyé
aurais	essuyé
aurait	essuyé
aurions	essuyé
auriez	essuyé
auraient	essuyé

IMPÉRATIF

Présent

essuie	[-ɥi]
essuyons	[-ɥijɔ̃]
essuyez	[-ɥije]

Passé

aie	essuyé
ayons	essuyé
ayez	essuyé

15 créer

INFINITIF

Présent	Passé
créer	avoir créé
[kree]	[avwarkree]

PARTICIPE

Présent	Passé
créant	créé, e
[kreɑ̃]	[kree]

INDICATIF

Présent / Passé composé

	Présent			Passé composé
je	crée	[-ɛ]	ai	créé
tu	crées	[-ɛ]	as	créé
il	crée	[-ɛ]	a	créé
ns	créons	[-eɔ̃]	avons	créé
vs	créez	[-ee]	avez	créé
ils	créent	[-ɛ]	ont	créé

Imparfait / Plus-que-parfait

	Imparfait			Plus-que-parfait
je	créais	[-eɛ]	avais	créé
tu	créais	[-eɛ]	avais	créé
il	créait	[-eɛ]	avait	créé
ns	créions	[-ejɔ̃]	avions	créé
vs	créiez	[-eje]	aviez	créé
ils	créaient	[-eɛ]	avaient	créé

Futur simple / Futur antérieur

	Futur simple			Futur antérieur
je	créerai	[-ere]	aurai	créé
tu	créeras	[-era]	auras	créé
il	créera	[-era]	aura	créé
ns	créerons	[-erɔ̃]	aurons	créé
vs	créerez	[-ere]	aurez	créé
ils	créeront	[-erɔ̃]	auront	créé

Passé simple / Passé antérieur

	Passé simple			Passé antérieur
je	créai	[-ee]	eus	créé
tu	créas	[-ea]	eus	créé
il	créa	[-ea]	eut	créé
ns	créâmes	[-eam]	eûmes	créé
vs	créâtes	[-eat]	eûtes	créé
ils	créèrent	[-eɛr]	eurent	créé

SUBJONCTIF

Présent / Passé

		Présent			Passé
q. je	crée	[-ɛ]		aie	créé
tu	crées	[-ɛ]		aies	créé
il	crée	[-ɛ]		ait	créé
ns	créions	[-ejɔ̃]		ayons	créé
vs	créiez	[-eje]		ayez	créé
ils	créent	[-ɛ]		aient	créé

Imparfait / Plus-que-parfait

		Imparfait			Plus-que-parfait
q. je	créasse	[-eas]		eusse	créé
tu	créasses	[-eas]		eusses	créé
il	créât	[-ea]		eût	créé
ns	créassions	[-easjɔ̃]		eussions	créé
vs	créassiez	[-easje]		eussiez	créé
ils	créassent	[-eas]		eussent	créé

CONDITIONNEL

Présent / Passé

	Présent			Passé
je	créerais	[-erɛ]	aurais	créé
tu	créerais	[-erɛ]	aurais	créé
il	créerait	[-erɛ]	aurait	créé
ns	créerions	[-erjɔ̃]	aurions	créé
vs	créeriez	[-erje]	auriez	créé
ils	créeraient	[-erɛ]	auraient	créé

IMPÉRATIF

Présent		Passé	
crée	[-ɛ]	aie	créé
créons	[-eɔ̃]	ayons	créé
créez	[-ee]	ayez	créé

16 avancer

INFINITIF

Présent	Passé
avancer [avãse]	avoir avancé [avwaravãse]

PARTICIPE

Présent	Passé
avançant [avãsã]	avancé, e [avãse]

INDICATIF

Présent

			Passé composé	
j'	avance	[-ãs]	ai	avancé
tu	avances	[-ãs]	as	avancé
il	avance	[-ãs]	a	avancé
ns	avançons	[-ãsõ]	avons	avancé
vs	avancez	[-ãse]	avez	avancé
ils	avancent	[-ãs]	ont	avancé

Imparfait

			Plus-que-parfait	
j'	avançais	[-ãsɛ]	avais	avancé
tu	avançais	[-ãsɛ]	avais	avancé
il	avançait	[-ãsɛ]	avait	avancé
ns	avancions	[-ãsjõ]	avions	avancé
vs	avanciez	[-ãsje]	aviez	avancé
ils	avançaient	[-ãsɛ]	avaient	avancé

Futur simple

			Futur antérieur	
j'	avancerai	[-ãsre]	aurai	avancé
tu	avanceras	[-ãsra]	auras	avancé
il	avancera	[-ãsra]	aura	avancé
ns	avancerons	[-ãsrõ]	aurons	avancé
vs	avancerez	[-ãsre]	aurez	avancé
ils	avanceront	[-ãsrõ]	auront	avancé

Passé simple

			Passé antérieur	
j'	avançai	[-ãse]	eus	avancé
tu	avanças	[-ãsa]	eus	avancé
il	avança	[-ãsa]	eut	avancé
ns	avançâmes	[-ãsam]	eûmes	avancé
vs	avançâtes	[-ãsat]	eûtes	avancé
ils	avancèrent	[-ãsɛr]	eurent	avancé

SUBJONCTIF

Présent

				Passé	
q. j'	avance	[-ãs]		aie	avancé
tu	avances	[-ãs]		aies	avancé
il	avance	[-ãs]		ait	avancé
ns	avancions	[-ãsjõ]		ayons	avancé
vs	avanciez	[-ãsje]		ayez	avancé
ils	avancent	[-ãs]		aient	avancé

Imparfait

				Plus-que-parfait	
q. j'	avançasse	[-ãsas]		eusse	avancé
tu	avançasses	[-ãsas]		eusses	avancé
il	avançât	[-ãsa]		eût	avancé
ns	avançassions	[-ãsasjõ]		eussions	avancé
vs	avançassiez	[-ãsasje]		eussiez	avancé
ils	avançassent	[-ãsas]		eussent	avancé

CONDITIONNEL

Présent

				Passé	
j'	avancerais	[-ãsrɛ]		aurais	avancé
tu	avancerais	[-ãsrɛ]		aurais	avancé
il	avancerait	[-ãsrɛ]		aurait	avancé
ns	avancerions	[-ãsərjõ]		aurions	avancé
vs	avanceriez	[-ãsərje]		auriez	avancé
ils	avanceraient	[-ãsrɛ]		auraient	avancé

IMPÉRATIF

Présent

			Passé	
avance	[-ãs]		aie	avancé
avançons	[-ãsõ]		ayons	avancé
avancez	[-ãse]		ayez	avancé

17 manger

── INFINITIF ──

Présent	Passé
manger [mɑ̃ʒe]	avoir mangé [avwarmɑ̃ʒe]

── PARTICIPE ──

Présent	Passé
mangeant [mɑ̃ʒɑ̃]	mangé, e [mɑ̃ʒe]

── INDICATIF ──

Présent		Passé composé	
je mange	[mɑ̃ʒ]	ai	mangé
tu manges	[mɑ̃ʒ]	as	mangé
il mange	[mɑ̃ʒ]	a	mangé
ns mangeons	[mɑ̃ʒɔ̃]	avons	mangé
vs mangez	[mɑ̃ʒe]	avez	mangé
ils mangent	[mɑ̃ʒ]	ont	mangé

── SUBJONCTIF ──

Présent		Passé	
q. je mange	[mɑ̃ʒ]	aie	mangé
tu manges	[mɑ̃ʒ]	aies	mangé
il mange	[mɑ̃ʒ]	ait	mangé
ns mangions	[mɑ̃ʒjɔ̃]	ayons	mangé
vs mangiez	[mɑ̃ʒje]	ayez	mangé
ils mangent	[mɑ̃ʒ]	aient	mangé

Imparfait		Plus-que-parfait	
je mangeais	[mɑ̃ʒɛ]	avais	mangé
tu mangeais	[mɑ̃ʒɛ]	avais	mangé
il mangeait	[mɑ̃ʒɛ]	avait	mangé
ns mangions	[mɑ̃ʒjɔ̃]	avions	mangé
vs mangiez	[mɑ̃ʒje]	aviez	mangé
ils mangeaient	[mɑ̃ʒɛ]	avaient	mangé

Imparfait		Plus-que-parfait	
q. je mangeasse	[mɑ̃ʒas]	eusse	mangé
tu mangeasses	[mɑ̃ʒas]	eusses	mangé
il mangeât	[mɑ̃ʒa]	eût	mangé
ns mangeassions	[mɑ̃ʒasjɔ̃]	eussions	mangé
vs mangeassiez	[mɑ̃ʒasje]	eussiez	mangé
ils mangeassent	[mɑ̃ʒas]	eussent	mangé

Futur simple		Futur antérieur	
je mangerai	[mɑ̃ʒre]	aurai	mangé
tu mangeras	[mɑ̃ʒra]	auras	mangé
il mangera	[mɑ̃ʒra]	aura	mangé
ns mangerons	[mɑ̃ʒrɔ̃]	aurons	mangé
vs mangerez	[mɑ̃ʒre]	aurez	mangé
ils mangeront	[mɑ̃ʒrɔ̃]	auront	mangé

── CONDITIONNEL ──

Présent		Passé	
je mangerais	[mɑ̃ʒrɛ]	aurais	mangé
tu mangerais	[mɑ̃ʒrɛ]	aurais	mangé
il mangerait	[mɑ̃ʒrɛ]	aurait	mangé
ns mangerions	[mɑ̃ʒərjɔ̃]	aurions	mangé
vs mangeriez	[mɑ̃ʒərje]	auriez	mangé
ils mangeraient	[mɑ̃ʒrɛ]	auraient	mangé

── IMPÉRATIF ──

Présent		Passé	
mange	[mɑ̃ʒ]	aie	mangé
mangeons	[mɑ̃ʒɔ̃]	ayons	mangé
mangez	[mɑ̃ʒe]	ayez	mangé

Passé simple		Passé antérieur	
je mangeai	[mɑ̃ʒe]	eus	mangé
tu mangeas	[mɑ̃ʒa]	eus	mangé
il mangea	[mɑ̃ʒa]	eut	mangé
ns mangeâmes	[mɑ̃ʒam]	eûmes	mangé
vs mangeâtes	[mɑ̃ʒat]	eûtes	mangé
ils mangèrent	[mɑ̃ʒɛr]	eurent	mangé

18 céder

— INFINITIF

Présent	Passé
céder	avoir cédé
[sede]	[avwarsede]

— PARTICIPE

Présent	Passé
cédant	cédé, e
[sedã]	[sede]

— INDICATIF

Présent		Passé composé	
je cède	[sɛd]	ai	cédé
tu cèdes	[sɛd]	as	cédé
il cède	[sɛd]	a	cédé
ns cédons	[sedõ]	avons	cédé
vs cédez	[sede]	avez	cédé
ils cèdent	[sɛd]	ont	cédé

Imparfait		Plus-que-parfait	
je cédais	[sedɛ]	avais	cédé
tu cédais	[sedɛ]	avais	cédé
il cédait	[sedɛ]	avait	cédé
ns cédions	[sedjõ]	avions	cédé
vs cédiez	[sedje]	aviez	cédé
ils cédaient	[sedɛ]	avaient	cédé

Futur simple		Futur antérieur	
je céderai	[sɛdre]	aurai	cédé
tu céderas	[sɛdra]	auras	cédé
il cédera	[sɛdra]	aura	cédé
ns céderons	[sɛdrõ]	aurons	cédé
vs céderez	[sɛdre]	aurez	cédé
ils céderont	[sɛdrõ]	auront	cédé

Passé simple		Passé antérieur	
je cédai	[sede]	eus	cédé
tu cédas	[seda]	eus	cédé
il céda	[seda]	eut	cédé
ns cédâmes	[sedam]	eûmes	cédé
vs cédâtes	[sedat]	eûtes	cédé
ils cédèrent	[sedɛr]	eurent	cédé

— SUBJONCTIF

Présent		Passé	
q. je cède	[sɛd]	aie	cédé
tu cèdes	[sɛd]	aies	cédé
il cède	[sɛd]	ait	cédé
ns cédions	[sedjõ]	ayons	cédé
vs cédiez	[sedje]	ayez	cédé
ils cèdent	[sɛd]	aient	cédé

Imparfait		Plus-que-parfait	
q. je cédasse	[sedas]	eusse	cédé
tu cédasses	[sedas]	eusses	cédé
il cédât	[seda]	eût	cédé
ns cédassions	[sedasjõ]	eussions	cédé
vs cédassiez	[sedasje]	eussiez	cédé
ils cédassent	[sedas]	eussent	cédé

— CONDITIONNEL

Présent		Passé	
je céderais	[sɛdrɛ]	aurais	cédé
tu céderais	[sɛdrɛ]	aurais	cédé
il céderait	[sɛdrɛ]	aurait	cédé
ns céderions	[sedərjõ]	aurions	cédé
vs céderiez	[sedərje]	auriez	cédé
ils céderaient	[sɛdrɛ]	auraient	cédé

— IMPÉRATIF

Présent		Passé	
cède	[sɛd]	aie	cédé
cédons	[sedõ]	ayons	cédé
cédez	[sede]	ayez	cédé

19 semer

__ INFINITIF __

Présent	Passé
semer	avoir semé
[s(ə)me]	[avwars(ə)me]

__ PARTICIPE __

Présent	Passé
semant	semé, e
[s(ə)mã]	[s(ə)me]

__ INDICATIF __

	Présent		Passé composé	
je	sème	[sɛm]	ai	semé
tu	sèmes	[sɛm]	as	semé
il	sème	[sɛm]	a	semé
ns	semons	[s(ə)mɔ̃]	avons	semé
vs	semez	[s(ə)me]	avez	semé
ils	sèment	[sɛm]	ont	semé

	Imparfait		Plus-que-parfait	
je	semais	[s(ə)mɛ]	avais	semé
tu	semais	[s(ə)mɛ]	avais	semé
il	semait	[s(ə)mɛ]	avait	semé
ns	semions	[səmjɔ̃]	avions	semé
vs	semiez	[səmje]	aviez	semé
ils	semaient	[s(ə)mɛ]	avaient	semé

	Futur simple		Futur antérieur	
je	sèmerai	[sɛmre]	aurai	semé
tu	sèmeras	[sɛmra]	auras	semé
il	sèmera	[sɛmra]	aura	semé
ns	sèmerons	[sɛmrɔ̃]	aurons	semé
vs	sèmerez	[sɛmre]	aurez	semé
ils	sèmeront	[sɛmrɔ̃]	auront	semé

	Passé simple		Passé antérieur	
je	semai	[səme]	eus	semé
tu	semas	[səma]	eus	semé
il	sema	[səma]	eut	semé
ns	semâmes	[səmam]	eûmes	semé
vs	semâtes	[səmat]	eûtes	semé
ils	semèrent	[səmɛr]	eurent	semé

__ SUBJONCTIF __

		Présent		Passé	
q.	je	sème	[sɛm]	aie	semé
	tu	sèmes	[sɛm]	aies	semé
	il	sème	[sɛm]	ait	semé
	ns	semions	[səmjɔ̃]	ayons	semé
	vs	semiez	[səmje]	ayez	semé
	ils	sèment	[sɛm]	aient	semé

		Imparfait		Plus-que-parfait	
q.	je	semasse	[səmas]	eusse	semé
	tu	semasses	[səmas]	eusses	semé
	il	semât	[səma]	eût	semé
	ns	semassions	[səmasjɔ̃]	eussions	semé
	vs	semassiez	[səmasje]	eussiez	semé
	ils	semassent	[səmas]	eussent	semé

__ CONDITIONNEL __

	Présent		Passé	
je	sèmerais	[sɛmrɛ]	aurais	semé
tu	sèmerais	[sɛmrɛ]	aurais	semé
il	sèmerait	[sɛmrɛ]	aurait	semé
ns	sèmerions	[sɛmərjɔ̃]	aurions	semé
vs	sèmeriez	[sɛmərje]	auriez	semé
ils	sèmeraient	[sɛmrɛ]	auraient	semé

__ IMPÉRATIF __

Présent		Passé	
sème	[sɛm]	aie	semé
semons	[s(ə)mɔ̃]	ayons	semé
semez	[s(ə)me]	ayez	semé

20 rapiécer

INFINITIF

Présent	Passé
rapiécer	avoir rapiécé
[rapjese]	[avwarrapjese]

PARTICIPE

Présent	Passé
rapiéçant	rapiécé, e
[rapjesã]	[rapjese]

INDICATIF

Présent		Passé composé	
je rapièce	[-jɛs]	ai	rapiécé
tu rapièces	[-jɛs]	as	rapiécé
il rapièce	[-jɛs]	a	rapiécé
ns rapiéçons	[-jesõ]	avons	rapiécé
vs rapiécez	[-jese]	avez	rapiécé
ils rapiècent	[-jɛs]	ont	rapiécé

Imparfait		Plus-que-parfait	
je rapiéçais	[-jesɛ]	avais	rapiécé
tu rapiéçais	[-jesɛ]	avais	rapiécé
il rapiéçait	[-jesɛ]	avait	rapiécé
ns rapiécions	[-jesjõ]	avions	rapiécé
vs rapiéciez	[-jesje]	aviez	rapiécé
ils rapiéçaient	[-jesɛ]	avaient	rapiécé

Futur simple		Futur antérieur	
je rapiécerai	[-jɛsre]	aurai	rapiécé
tu rapiéceras	[-jɛsra]	auras	rapiécé
il rapiécera	[-jɛsra]	aura	rapiécé
ns rapiécerons	[-jɛsrõ]	aurons	rapiécé
vs rapiécerez	[-jɛsre]	aurez	rapiécé
ils rapiéceront	[-jɛsrõ]	auront	rapiécé

Passé simple		Passé antérieur	
je rapiéçai	[-jese]	eus	rapiécé
tu rapiéças	[-jesa]	eus	rapiécé
il rapiéça	[-jesa]	eut	rapiécé
ns rapiéçâmes	[-jesam]	eûmes	rapiécé
vs rapiéçâtes	[-jesat]	eûtes	rapiécé
ils rapiécèrent	[-jesɛr]	eurent	rapiécé

SUBJONCTIF

Présent		Passé	
q. je rapièce	[-jɛs]	aie	rapiécé
tu rapièces	[-jɛs]	aies	rapiécé
il rapièce	[-jɛs]	ait	rapiécé
ns rapiécions	[-jesjõ]	ayons	rapiécé
vs rapiéciez	[-jesje]	ayez	rapiécé
ils rapiècent	[-jɛs]	aient	rapiécé

Imparfait		Plus-que-parfait	
q. je rapiéçasse	[-jesas]	eusse	rapiécé
tu rapiéçasses	[-jesas]	eusses	rapiécé
il rapiéçât	[-jesa]	eût	rapiécé
ns rapiéçassions	[-jesasjõ]	eussions	rapiécé
vs rapiéçassiez	[-jesasje]	eussiez	rapiécé
ils rapiéçassent	[-jesas]	eussent	rapiécé

CONDITIONNEL

Présent		Passé	
je rapiécerais	[-jɛsrɛ]	aurais	rapiécé
tu rapiécerais	[-jɛsrɛ]	aurais	rapiécé
il rapiécerait	[-jɛsrɛ]	aurait	rapiécé
ns rapiécerions	[-jesərjõ]	aurions	rapiécé
vs rapiéceriez	[-jesərje]	auriez	rapiécé
ils rapiéceraient	[-jɛsrɛ]	auraient	rapiécé

IMPÉRATIF

Présent		Passé	
rapièce	[-jɛs]	aie	rapiécé
rapiéçons	[-jesõ]	ayons	rapiécé
rapiécez	[-jese]	ayez	rapiécé

21 acquiescer

__INFINITIF __

Présent	Passé
acquiescer	avoir acquiescé
[akjese]	[avwarakjese]

__PARTICIPE __

Présent	Passé
acquiesçant	acquiescé
[akjesɑ̃]	[akjese]

__INDICATIF __

	Présent		Passé composé	
j'	acquiesce	[-jɛs]	ai	acquiescé
tu	acquiesces	[-jɛs]	as	acquiescé
il	acquiesce	[-jɛs]	a	acquiescé
ns	acquiesçons	[-jesɔ̃]	avons	acquiescé
vs	acquiescez	[-jese]	avez	acquiescé
ils	acquiescent	[-jɛs]	ont	acquiescé

__SUBJONCTIF __

	Présent		Passé	
q. j'	acquiesce	[-jɛs]	aie	acquiescé
tu	acquiesces	[-jɛs]	aies	acquiescé
il	acquiesce	[-jɛs]	ait	acquiescé
ns	acquiescions	[-jesjɔ̃]	ayons	acquiescé
vs	acquiesciez	[-jesje]	ayez	acquiescé
ils	acquiescent	[-jɛs]	aient	acquiescé

	Imparfait		Plus-que-parfait	
j'	acquiesçais	[-jesɛ]	avais	acquiescé
tu	acquiesçais	[-jesɛ]	avais	acquiescé
il	acquiesçait	[-jesɛ]	avait	acquiescé
ns	acquiescions	[-jesjɔ̃]	avions	acquiescé
vs	acquiesciez	[-jesje]	aviez	acquiescé
ils	acquiesçaient	[-jesɛ]	avaient	acquiescé

	Imparfait		Plus-que-parfait	
q. j'	acquiesçasse	[-jesas]	eusse	acquiescé
tu	acquiesçasses	[-jesas]	eusses	acquiescé
il	acquiesçât	[-jesa]	eût	acquiescé
ns	acquiesçassions	[-jesasjɔ̃]	eussions	acquiescé
vs	acquiesçassiez	[-jesasje]	eussiez	acquiescé
ils	acquiesçassent	[-jesas]	eussent	acquiescé

	Futur simple		Futur antérieur	
j'	acquiescerai	[-jɛsre]	aurai	acquiescé
tu	acquiesceras	[-jɛsra]	auras	acquiescé
il	acquiescera	[-jɛsra]	aura	acquiescé
ns	acquiescerons	[-jɛsrɔ̃]	aurons	acquiescé
vs	acquiescerez	[-jɛsre]	aurez	acquiescé
ils	acquiesceront	[-jɛsrɔ̃]	auront	acquiescé

__CONDITIONNEL __

	Présent		Passé	
j'	acquiescerais	[-jɛsrɛ]	aurais	acquiescé
tu	acquiescerais	[-jɛsrɛ]	aurais	acquiescé
il	acquiescerait	[-jɛsrɛ]	aurait	acquiescé
ns	acquiescerions	[-jesərjɔ̃]	aurions	acquiescé
vs	acquiesceriez	[-jesərje]	auriez	acquiescé
ils	acquiesceraient	[-jɛsrɛ]	auraient	acquiescé

	Passé simple		Passé antérieur	
j'	acquiesçai	[-jese]	eus	acquiescé
tu	acquiesças	[-jesa]	eus	acquiescé
il	acquiesça	[-jesa]	eut	acquiescé
ns	acquiesçâmes	[-jesam]	eûmes	acquiescé
vs	acquiesçâtes	[-jesat]	eûtes	acquiescé
ils	acquiescèrent	[-jesɛr]	eurent	acquiescé

__IMPÉRATIF __

Présent		Passé	
acquiesce	[-jɛs]	aie	acquiescé
acquiesçons	[-jesɔ̃]	ayons	acquiescé
acquiescez	[-jese]	ayez	acquiescé

22 siéger

INFINITIF

Présent	Passé
siéger [sjeʒe]	avoir siégé [avwarsjeʒe]

PARTICIPE

Présent	Passé
siégeant [sjeʒã]	siégé [sjeʒe]

INDICATIF

Présent

			Passé composé	
je	siège	[-jɛʒ]	ai	siégé
tu	sièges	[-jɛʒ]	as	siégé
il	siège	[-jɛʒ]	a	siégé
ns	siégeons	[-jeʒõ]	avons	siégé
vs	siégez	[-jeʒe]	avez	siégé
ils	siègent	[-jɛʒ]	ont	siégé

Imparfait

			Plus-que-parfait	
je	siégeais	[-jeʒɛ]	avais	siégé
tu	siégeais	[-jeʒɛ]	avais	siégé
il	siégeait	[-jeʒɛ]	avait	siégé
ns	siégions	[-jeʒjõ]	avions	siégé
vs	siégiez	[-jeʒje]	aviez	siégé
ils	siégeaient	[-jeʒɛ]	avaient	siégé

Futur simple

			Futur antérieur	
je	siégerai	[-jɛʒre]	aurai	siégé
tu	siégeras	[-jɛʒra]	auras	siégé
il	siégera	[-jɛʒra]	aura	siégé
ns	siégerons	[-jɛʒrõ]	aurons	siégé
vs	siégerez	[-jɛʒre]	aurez	siégé
ils	siégeront	[-jɛʒrõ]	auront	siégé

Passé simple

			Passé antérieur	
je	siégeai	[-jeʒe]	eus	siégé
tu	siégeas	[-jeʒa]	eus	siégé
il	siégea	[-jeʒa]	eut	siégé
ns	siégeâmes	[-jeʒam]	eûmes	siégé
vs	siégeâtes	[-jeʒat]	eûtes	siégé
ils	siégèrent	[-jeʒɛr]	eurent	siégé

SUBJONCTIF

Présent

				Passé	
q. je	siège	[-jɛʒ]	aie	siégé
tu	sièges	[-jɛʒ]	aies	siégé
il	siège	[-jɛʒ]	ait	siégé
ns	siégions	[-jeʒjõ]	ayons	siégé
vs	siégiez	[-jeʒje]	ayez	siégé
ils	siègent	[-jɛʒ]	aient	siégé

Imparfait

				Plus-que-parfait	
q. je	siégeasse	[-jeʒas]	eusse	siégé
tu	siégeasses	[-jeʒas]	eusses	siégé
il	siégeât	[-jeʒa]	eût	siégé
ns	siégeassions	[-jeʒasjõ]	eussions	siégé
vs	siégeassiez	[-jeʒasje]	eussiez	siégé
ils	siégeassent	[-jeʒas]	eussent	siégé

CONDITIONNEL

Présent

			Passé	
je	siégerais	[-jɛʒrɛ]	aurais	siégé
tu	siégerais	[-jɛʒrɛ]	aurais	siégé
il	siégerait	[-jɛʒrɛ]	aurait	siégé
ns	siégerions	[-jeʒərjõ]	aurions	siégé
vs	siégeriez	[-jeʒərje]	auriez	siégé
ils	siégeraient	[-jɛʒrɛ]	auraient	siégé

IMPÉRATIF

Présent		Passé	
siège	[-jɛʒ]	aie	siégé
siégeons	[-jeʒõ]	ayons	siégé
siégez	[-jeʒe]	ayez	siégé

Remarque : *Assiéger* se conjugue comme *siéger* mais son participe passé est variable.

23 déneiger

─── INFINITIF ───

Présent	Passé
déneiger [deneʒe]	avoir déneigé [avwardeneʒe]

─── INDICATIF ───

Présent

je	déneige	[-ɛʒ]
tu	déneiges	[-ɛʒ]
il	déneige	[-ɛʒ]
ns	déneigeons	[-eʒɔ̃]
vs	déneigez	[-eʒe]
ils	déneigent	[-ɛʒ]

Passé composé

ai	déneigé
as	déneigé
a	déneigé
avons	déneigé
avez	déneigé
ont	déneigé

Imparfait

je	déneigeais	[-eʒɛ]
tu	déneigeais	[-eʒɛ]
il	déneigeait	[-eʒɛ]
ns	déneigions	[-eʒjɔ̃]
vs	déneigiez	[-eʒje]
ils	déneigeaient	[-eʒɛ]

Plus-que-parfait

avais	déneigé
avais	déneigé
avait	déneigé
avions	déneigé
aviez	déneigé
avaient	déneigé

Futur simple

je	déneigerai	[-ɛʒre]
tu	déneigeras	[-ɛʒra]
il	déneigera	[-ɛʒra]
ns	déneigerons	[-ɛʒrɔ̃]
vs	déneigerez	[-ɛʒre]
ils	déneigeront	[-ɛʒrɔ̃]

Futur antérieur

aurai	déneigé
auras	déneigé
aura	déneigé
aurons	déneigé
aurez	déneigé
auront	déneigé

Passé simple

je	déneigeai	[-eʒe]
tu	déneigeas	[-eʒa]
il	déneigea	[-eʒa]
ns	déneigeâmes	[-eʒam]
vs	déneigeâtes	[-eʒat]
ils	déneigèrent	[-eʒɛr]

Passé antérieur

eus	déneigé
eus	déneigé
eut	déneigé
eûmes	déneigé
eûtes	déneigé
eurent	déneigé

─── PARTICIPE ───

Présent	Passé
déneigeant [deneʒɑ̃]	déneigé, e [deneʒe]

─── SUBJONCTIF ───

Présent

q. je	déneige	[-ɛʒ]
tu	déneiges	[-ɛʒ]
il	déneige	[-ɛʒ]
ns	déneigions	[-eʒjɔ̃]
vs	déneigiez	[-eʒje]
ils	déneigent	[-ɛʒ]

Passé

aie	déneigé
aies	déneigé
ait	déneigé
ayons	déneigé
ayez	déneigé
aient	déneigé

Imparfait

q. je	déneigeasse	[-eʒas]
tu	déneigeasses	[-eʒas]
il	déneigeât	[-eʒa]
ns	déneigeassions	[-eʒasjɔ̃]
vs	déneigeassiez	[-eʒasje]
ils	déneigeassent	[-eʒas]

Plus-que-parfait

eusse	déneigé
eusses	déneigé
eût	déneigé
eussions	déneigé
eussiez	déneigé
eussent	déneigé

─── CONDITIONNEL ───

Présent

je	déneigerais	[-ɛʒrɛ]
tu	déneigerais	[-ɛʒrɛ]
il	déneigerait	[-ɛʒrɛ]
ns	déneigerions	[-eʒərjɔ̃]
vs	déneigeriez	[-eʒərje]
ils	déneigeraient	[-ɛʒrɛ]

Passé

aurais	déneigé
aurais	déneigé
aurait	déneigé
aurions	déneigé
auriez	déneigé
auraient	déneigé

─── IMPÉRATIF ───

Présent

déneige	[-ɛʒ]
déneigeons	[-eʒɔ̃]
déneigez	[-eʒe]

Passé

aie	déneigé
ayons	déneigé
ayez	déneigé

24 appeler

INFINITIF

Présent	Passé
appeler	avoir appelé
[aple]	[avwaraple]

PARTICIPE

Présent	Passé
appelant	appelé, e
[aplɑ̃]	[aple]

INDICATIF

Présent

			Passé composé	
j'	appelle	[apɛl]	ai	appelé
tu	appelles	[apɛl]	as	appelé
il	appelle	[apɛl]	a	appelé
ns	appelons	[aplɔ̃]	avons	appelé
vs	appelez	[aple]	avez	appelé
ils	appellent	[apɛl]	ont	appelé

Imparfait

			Plus-que-parfait	
j'	appelais	[aplɛ]	avais	appelé
tu	appelais	[aplɛ]	avais	appelé
il	appelait	[aplɛ]	avait	appelé
ns	appelions	[apəljɔ̃]	avions	appelé
vs	appeliez	[apəlje]	aviez	appelé
ils	appelaient	[aplɛ]	avaient	appelé

Futur simple

			Futur antérieur	
j'	appellerai	[apɛlre]	aurai	appelé
tu	appelleras	[apɛlra]	auras	appelé
il	appellera	[apɛlra]	aura	appelé
ns	appellerons	[apɛlrɔ̃]	aurons	appelé
vs	appellerez	[apɛlre]	aurez	appelé
ils	appelleront	[apɛlrɔ̃]	auront	appelé

Passé simple

			Passé antérieur	
j'	appelai	[aple]	eus	appelé
tu	appelas	[apla]	eus	appelé
il	appela	[apla]	eut	appelé
ns	appelâmes	[aplam]	eûmes	appelé
vs	appelâtes	[aplat]	eûtes	appelé
ils	appelèrent	[aplɛr]	eurent	appelé

SUBJONCTIF

Présent

				Passé	
q.	j'	appelle	[apɛl]	aie	appelé
	tu	appelles	[apɛl]	aies	appelé
	il	appelle	[apɛl]	ait	appelé
	ns	appelions	[apəljɔ̃]	ayons	appelé
	vs	appeliez	[apəlje]	ayez	appelé
	ils	appellent	[apɛl]	aient	appelé

Imparfait

				Plus-que-parfait	
q.	j'	appelasse	[aplas]	eusse	appelé
	tu	appelasses	[aplas]	eusses	appelé
	il	appelât	[apla]	eût	appelé
	ns	appelassions	[aplasjɔ̃]	eussions	appelé
	vs	appelassiez	[aplasje]	eussiez	appelé
	ils	appelassent	[aplas]	eussent	appelé

CONDITIONNEL

Présent

			Passé	
j'	appellerais	[apɛlrɛ]	aurais	appelé
tu	appellerais	[apɛlrɛ]	aurais	appelé
il	appellerait	[apɛlrɛ]	aurait	appelé
ns	appellerions	[apelərjɔ̃]	aurions	appelé
vs	appelleriez	[apelərje]	auriez	appelé
ils	appelleraient	[apɛlrɛ]	auraient	appelé

IMPÉRATIF

Présent

		Passé	
appelle	[apɛl]	aie	appelé
appelons	[aplɔ̃]	ayons	appelé
appelez	[aple]	ayez	appelé

25 peler

— INFINITIF

Présent	Passé
peler	avoir pelé
[pəle]	[avwarpəle]

— PARTICIPE

Présent	Passé
pelant	pelé, e
[pəlɑ̃]	[pəle]

— INDICATIF

	Présent		Passé composé	
je	pèle	[-ɛl]	ai	pelé
tu	pèles	[-ɛl]	as	pelé
il	pèle	[-ɛl]	a	pelé
ns	pelons	[-əlɔ̃]	avons	pelé
vs	pelez	[-əle]	avez	pelé
ils	pèlent	[-ɛl]	ont	pelé

— SUBJONCTIF

		Présent		Passé	
q.	je	pèle	[-ɛl]	aie	pelé
	tu	pèles	[-ɛl]	aies	pelé
	il	pèle	[-ɛl]	ait	pelé
	ns	pelions	[-əljɔ̃]	ayons	pelé
	vs	peliez	[-əlje]	ayez	pelé
	ils	pèlent	[-ɛl]	aient	pelé

	Imparfait		Plus-que-parfait	
je	pelais	[-əlɛ]	avais	pelé
tu	pelais	[-əlɛ]	avais	pelé
il	pelait	[-əlɛ]	avait	pelé
ns	pelions	[-əljɔ̃]	avions	pelé
vs	peliez	[-əlje]	aviez	pelé
ils	pelaient	[-əlɛ]	avaient	pelé

		Imparfait		Plus-que-parfait	
q.	je	pelasse	[-əlas]	eusse	pelé
	tu	pelasses	[-əlas]	eusses	pelé
	il	pelât	[-əla]	eût	pelé
	ns	pelassions	[-əlasjɔ̃]	eussions	pelé
	vs	pelassiez	[-əlasje]	eussiez	pelé
	ils	pelassent	[-əlas]	eussent	pelé

	Futur simple		Futur antérieur	
je	pèlerai	[-ɛlre]	aurai	pelé
tu	pèleras	[-ɛlra]	auras	pelé
il	pèlera	[-ɛlra]	aura	pelé
ns	pèlerons	[-ɛlrɔ̃]	aurons	pelé
vs	pèlerez	[-ɛlre]	aurez	pelé
ils	pèleront	[-ɛlrɔ̃]	auront	pelé

— CONDITIONNEL

	Présent		Passé	
je	pèlerais	[-ɛlrɛ]	aurais	pelé
tu	pèlerais	[-ɛlrɛ]	aurais	pelé
il	pèlerait	[-ɛlrɛ]	aurait	pelé
ns	pèlerions	[-elərjɔ̃]	aurions	pelé
vs	pèleriez	[-elərje]	auriez	pelé
ils	pèleraient	[-ɛlrɛ]	auraient	pelé

— IMPÉRATIF

Présent		Passé	
pèle	[-ɛl]	aie	pelé
pelons	[-əlɔ̃]	ayons	pelé
pelez	[-əle]	ayez	pelé

	Passé simple		Passé antérieur	
je	pelai	[-əle]	eus	pelé
tu	pelas	[-əla]	eus	pelé
il	pela	[-əla]	eut	pelé
ns	pelâmes	[-əlam]	eûmes	pelé
vs	pelâtes	[-əlat]	eûtes	pelé
ils	pelèrent	[-əlɛr]	eurent	pelé

26 interpeller

INFINITIF

Présent	Passé
interpeller	avoir interpellé
[ɛ̃tɛrpəle]	[avwarɛ̃tɛrpəle]

PARTICIPE

Présent	Passé
interpellant	interpellé, e
[ɛ̃tɛrpəlɑ̃]	[ɛ̃tɛrpəle]

INDICATIF

Présent

			Passé composé	
j'	interpelle	[-ɛl]	ai	interpellé
tu	interpelles	[-ɛl]	as	interpellé
il	interpelle	[-ɛl]	a	interpellé
ns	interpellons	[-əlɔ̃]	avons	interpellé
vs	interpellez	[-əle]	avez	interpellé
ils	interpellent	[-ɛl]	ont	interpellé

Imparfait

			Plus-que-parfait	
j'	interpellais	[-əlɛ]	avais	interpellé
tu	interpellais	[-əlɛ]	avais	interpellé
il	interpellait	[-əlɛ]	avait	interpellé
ns	interpellions	[-əljɔ̃]	avions	interpellé
vs	interpelliez	[-əlje]	aviez	interpellé
ils	interpellaient	[-əlɛ]	avaient	interpellé

Futur simple

			Futur antérieur	
j'	interpellerai	[-ɛlre]	aurai	interpellé
tu	interpelleras	[-ɛlra]	auras	interpellé
il	interpellera	[-ɛlra]	aura	interpellé
ns	interpellerons	[-ɛlrɔ̃]	aurons	interpellé
vs	interpellerez	[-ɛlre]	aurez	interpellé
ils	interpelleront	[-ɛlrɔ̃]	auront	interpellé

Passé simple

			Passé antérieur	
j'	interpellai	[-əle]	eus	interpellé
tu	interpellas	[-əla]	eus	interpellé
il	interpella	[-əla]	eut	interpellé
ns	interpellâmes	[-əlam]	eûmes	interpellé
vs	interpellâtes	[-əlat]	eûtes	interpellé
ils	interpellèrent	[-əlɛr]	eurent	interpellé

SUBJONCTIF

Présent

			Passé	
q. j'	interpelle	[-ɛl]	aie	interpellé
tu	interpelles	[-ɛl]	aies	interpellé
il	interpelle	[-ɛl]	ait	interpellé
ns	interpellions	[-əljɔ̃]	ayons	interpellé
vs	interpelliez	[-əlje]	ayez	interpellé
ils	interpellent	[-ɛl]	aient	interpellé

Imparfait

			Plus-que-parfait	
q. j'	interpellasse	[-əlas]	eusse	interpellé
tu	interpellasses	[-əlas]	eusses	interpellé
il	interpellât	[-əla]	eût	interpellé
ns	interpellassions	[-əlasjɔ̃]	eussions	interpellé
vs	interpellassiez	[-əlasje]	eussiez	interpellé
ils	interpellassent	[-əlas]	eussent	interpellé

CONDITIONNEL

Présent

			Passé	
j'	interpellerais	[-ɛlrɛ]	aurais	interpellé
tu	interpellerais	[-ɛlrɛ]	aurais	interpellé
il	interpellerait	[-ɛlrɛ]	aurait	interpellé
ns	interpellerions	[-ɛlərjɔ̃]	aurions	interpellé
vs	interpelleriez	[-ɛlərje]	auriez	interpellé
ils	interpelleraient	[-ɛlrɛ]	auraient	interpellé

IMPÉRATIF

Présent

		Passé	
interpelle	[-ɛl]	aie	interpellé
interpellons	[-əlɔ̃]	ayons	interpellé
interpellez	[-əle]	ayez	interpellé

27 jeter

___ INFINITIF___

Présent	Passé
jeter	avoir jeté
[ʒəte]	[avwarʒəte]

___ INDICATIF___

Présent

je	jette	[-ɛt]
tu	jettes	[-ɛt]
il	jette	[-ɛt]
ns	jetons	[-ətɔ̃]
vs	jetez	[-əte]
ils	jettent	[-ɛt]

Passé composé

ai	jeté
as	jeté
a	jeté
avons	jeté
avez	jeté
ont	jeté

Imparfait

je	jetais	[-ətɛ]
tu	jetais	[-ətɛ]
il	jetait	[-ətɛ]
ns	jetions	[-ətjɔ̃]
vs	jetiez	[-ətje]
ils	jetaient	[-ətɛ]

Plus-que-parfait

avais	jeté
avais	jeté
avait	jeté
avions	jeté
aviez	jeté
avaient	jeté

Futur simple

je	jetterai	[-ɛtre]
tu	jetteras	[-ɛtra]
il	jettera	[-ɛtra]
ns	jetterons	[-ɛtrɔ̃]
vs	jetterez	[-ɛtre]
ils	jetteront	[-ɛtrɔ̃]

Futur antérieur

aurai	jeté
auras	jeté
aura	jeté
aurons	jeté
aurez	jeté
auront	jeté

Passé simple

je	jetai	[-əte]
tu	jetas	[-əta]
il	jeta	[-əta]
ns	jetâmes	[-ətam]
vs	jetâtes	[-ətat]
ils	jetèrent	[-ətɛr]

Passé antérieur

eus	jeté
eus	jeté
eut	jeté
eûmes	jeté
eûtes	jeté
eurent	jeté

___ PARTICIPE___

Présent	Passé
jetant	jeté, e
[ʒətɑ̃]	[ʒəte]

___ SUBJONCTIF___

Présent

q. je	jette	[-ɛt]
tu	jettes	[-ɛt]
il	jette	[-ɛt]
ns	jetions	[-ətjɔ̃]
vs	jetiez	[-ətje]
ils	jettent	[-ɛt]

Passé

aie	jeté
aies	jeté
ait	jeté
ayons	jeté
ayez	jeté
aient	jeté

Imparfait

q. je	jetasse	[-ətas]
tu	jetasses	[-ətas]
il	jetât	[-əta]
ns	jetassions	[-ətasjɔ̃]
vs	jetassiez	[-ətasje]
ils	jetassent	[-ətas]

Plus-que-parfai

eusse	jeté
eusses	jeté
eût	jeté
eussions	jeté
eussiez	jeté
eussent	jeté

___ CONDITIONNEL___

Présent

je	jetterais	[-ɛtrɛ]
tu	jetterais	[-ɛtrɛ]
il	jetterait	[-ɛtrɛ]
ns	jetterions	[-etərjɔ̃]
vs	jetteriez	[-etərje]
ils	jetteraient	[-ɛtrɛ]

Passé

aurais	jeté
aurais	jeté
aurait	jeté
aurions	jeté
auriez	jeté
auraient	jeté

___ IMPÉRATIF___

Présent

jette	[-ɛt]
jetons	[-ətɔ̃]
jetez	[-əte]

Passé

aie	jeté
ayons	jeté
ayez	jeté

28 acheter

INFINITIF

Présent	Passé
acheter	avoir acheté
[aʃte]	[avwaraʃte]

PARTICIPE

Présent	Passé
achetant	acheté, e
[aʃtɑ̃]	[aʃte]

INDICATIF

Présent

j'	achète	[-ʃɛt]
tu	achètes	[-ʃɛt]
il	achète	[-ʃɛt]
ns	achetons	[-ʃtɔ̃]
vs	achetez	[-ʃte]
ils	achètent	[-ʃɛt]

Passé composé

ai	acheté
as	acheté
a	acheté
avons	acheté
avez	acheté
ont	acheté

Imparfait

j'	achetais	[-ʃtɛ]
tu	achetais	[-ʃtɛ]
il	achetait	[-ʃtɛ]
ns	achetions	[-ʃ(ə)tjɔ̃]
vs	achetiez	[-ʃ(ə)tje]
ils	achetaient	[-ʃtɛ]

Plus-que-parfait

avais	acheté
avais	acheté
avait	acheté
avions	acheté
aviez	acheté
avaient	acheté

Futur simple

j'	achèterai	[-ʃɛtre]
tu	achèteras	[-ʃɛtra]
il	achètera	[-ʃɛtra]
ns	achèterons	[-ʃɛtrɔ̃]
vs	achèterez	[-ʃɛtre]
ils	achèteront	[-ʃɛtrɔ̃]

Futur antérieur

aurai	acheté
auras	acheté
aura	acheté
aurons	acheté
aurez	acheté
auront	acheté

Passé simple

j'	achetai	[-ʃte]
tu	achetas	[-ʃta]
il	acheta	[-ʃta]
ns	achetâmes	[-ʃtam]
vs	achetâtes	[-ʃtat]
ils	achetèrent	[-ʃtɛr]

Passé antérieur

eus	acheté
eus	acheté
eut	acheté
eûmes	acheté
eûtes	acheté
eurent	acheté

SUBJONCTIF

Présent

q. j'	achète	[-ʃɛt]
tu	achètes	[-ʃɛt]
il	achète	[-ʃɛt]
ns	achetions	[-ʃ(ə)tjɔ̃]
vs	achetiez	[-ʃ(ə)tje]
ils	achètent	[-ʃɛt]

Passé

aie	acheté
aies	acheté
ait	acheté
ayons	acheté
ayez	acheté
aient	acheté

Imparfait

q. j'	achetasse	[-ʃtas]
tu	achetasses	[-ʃtas]
il	achetât	[-ʃta]
ns	achetassions	[-ʃtasjɔ̃]
vs	achetassiez	[-ʃtasje]
ils	achetassent	[-ʃtas]

Plus-que-parfait

eusse	acheté
eusses	acheté
eût	acheté
eussions	acheté
eussiez	acheté
eussent	acheté

CONDITIONNEL

Présent

j'	achèterais	[-ʃɛtrɛ]
tu	achèterais	[-ʃɛtrɛ]
il	achèterait	[-ʃɛtrɛ]
ns	achèterions	[-ʃɛtərjɔ̃]
vs	achèteriez	[-ʃɛtərje]
ils	achèteraient	[-ʃɛtrɛ]

Passé

aurais	acheté
aurais	acheté
aurait	acheté
aurions	acheté
auriez	acheté
auraient	acheté

IMPÉRATIF

Présent

achète	[-ʃɛt]
achetons	[-ʃtɔ̃]
achetez	[-ʃte]

Passé

aie	acheté
ayons	acheté
ayez	acheté

29 dépecer

___ INFINITIF _____ | ___ PARTICIPE _____

Présent	**Passé**	**Présent**	**Passé**
dépecer [depəse]	avoir dépecé [avwardepəse]	dépeçant [depəsɑ̃]	dépecé, e [depəse]

___ INDICATIF _____ | ___ SUBJONCTIF _____

Présent / **Passé composé** / **Présent** / **Passé**

je	dépèce	[depɛs]	ai	dépecé	q. je	dépèce	[depɛs]	aie	dépecé
tu	dépèces	[depɛs]	as	dépecé	tu	dépèces	[depɛs]	aies	dépecé
il	dépèce	[depɛs]	a	dépecé	il	dépèce	[depɛs]	ait	dépecé
ns	dépeçons	[depəsɔ̃]	avons	dépecé	ns	dépecions	[depəsjɔ̃]	ayons	dépecé
vs	dépecez	[depəse]	avez	dépecé	vs	dépeciez	[depəsje]	ayez	dépecé
ils	dépècent	[depɛs]	ont	dépecé	ils	dépècent	[depɛs]	aient	dépecé

Imparfait / **Plus-que-parfait** / **Imparfait** / **Plus-que-parfait**

je	dépeçais	[depəsɛ]	avais	dépecé	q. je	dépeçasse	[depəsas]	eusse	dépecé
tu	dépeçais	[depəsɛ]	avais	dépecé	tu	dépeçasses	[depəsas]	eusses	dépecé
il	dépeçait	[depəsɛ]	avait	dépecé	il	dépeçât	[depəsa]	eût	dépecé
ns	dépecions	[depəsjɔ̃]	avions	dépecé	ns	dépeçassions	[depəsasjɔ̃]	eussions	dépecé
vs	dépeciez	[depəsje]	aviez	dépecé	vs	dépeçassiez	[depəsasje]	eussiez	dépecé
ils	dépeçaient	[depəsɛ]	avaient	dépecé	ils	dépeçassent	[depəsas]	eussent	dépecé

___ CONDITIONNEL _____

Futur simple / **Futur antérieur** / **Présent** / **Passé**

je	dépècerai	[depɛsre]	aurai	dépecé	je	dépècerais	[depɛsrɛ]	aurais	dépecé
tu	dépèceras	[depɛsra]	auras	dépecé	tu	dépècerais	[depɛsrɛ]	aurais	dépecé
il	dépècera	[depɛsra]	aura	dépecé	il	dépècerait	[depɛsrɛ]	aurait	dépecé
ns	dépècerons	[depɛsrɔ̃]	aurons	dépecé	ns	dépècerions	[depesərjɔ̃]	aurions	dépecé
vs	dépècerez	[depɛsre]	aurez	dépecé	vs	dépèceriez	[depesərje]	auriez	dépecé
ils	dépèceront	[depɛsrɔ̃]	auront	dépecé	ils	dépèceraient	[depɛsrɛ]	auraient	dépecé

___ IMPÉRATIF _____

Passé simple / **Passé antérieur** / **Présent** / **Passé**

je	dépeçai	[depəse]	eus	dépecé				
tu	dépeças	[depəsa]	eus	dépecé	dépèce	[depɛs]	aie	dépecé
il	dépeça	[depəsa]	eut	dépecé				
ns	dépeçâmes	[depəsam]	eûmes	dépecé	dépeçons	[depəsɔ̃]	ayons	dépecé
vs	dépeçâtes	[depəsat]	eûtes	dépecé	dépecez	[depəse]	ayez	dépecé
ils	dépecèrent	[depəsɛr]	eurent	dépecé				

40

30 envoyer

INFINITIF

Présent

envoyer
[ãvwaje]

Passé

avoir envoyé
[avwarãvwaje]

PARTICIPE

Présent

envoyant
[ãvwajã]

Passé

envoyé, e
[ãvwaje]

INDICATIF

Présent

j'	envoie	[-vwa]
tu	envoies	[-vwa]
il	envoie	[-vwa]
ns	envoyons	[-vwajõ]
vs	envoyez	[-vwaje]
ils	envoient	[-vwa]

Passé composé

ai	envoyé
as	envoyé
a	envoyé
avons	envoyé
avez	envoyé
ont	envoyé

Imparfait

j'	envoyais	[-vwajɛ]
tu	envoyais	[-vwajɛ]
il	envoyait	[-vwajɛ]
ns	envoyions	[-vwajjõ]
vs	envoyiez	[-vwajje]
ils	envoyaient	[-vwajɛ]

Plus-que-parfait

avais	envoyé
avais	envoyé
avait	envoyé
avions	envoyé
aviez	envoyé
avaient	envoyé

Futur simple

j'	enverrai	[-vere]
tu	enverras	[-vera]
il	enverra	[-vera]
ns	enverrons	[-verõ]
vs	enverrez	[-vere]
ils	enverront	[-verõ]

Futur antérieur

aurai	envoyé
auras	envoyé
aura	envoyé
aurons	envoyé
aurez	envoyé
auront	envoyé

Passé simple

j'	envoyai	[-vwaje]
tu	envoyas	[-vwaja]
il	envoya	[-vwaja]
ns	envoyâmes	[-vwajam]
vs	envoyâtes	[-vwajat]
ils	envoyèrent	[-vwajɛr]

Passé antérieur

eus	envoyé
eus	envoyé
eut	envoyé
eûmes	envoyé
eûtes	envoyé
eurent	envoyé

SUBJONCTIF

Présent

q.	j'	envoie	[-vwa]
	tu	envoies	[-vwa]
	il	envoie	[-vwa]
	ns	envoyions	[-vwajjõ]
	vs	envoyiez	[-vwajje]
	ils	envoient	[-vwa]

Passé

aie	envoyé
aies	envoyé
ait	envoyé
ayons	envoyé
ayez	envoyé
aient	envoyé

Imparfait

q.	j'	envoyasse	[-vwajas]
	tu	envoyasses	[-vwajas]
	il	envoyât	[-vwaja]
	ns	envoyassions	[-vwajasjõ]
	vs	envoyassiez	[-vwajasje]
	ils	envoyassent	[-vwajas]

Plus-que-parfait

eusse	envoyé
eusses	envoyé
eût	envoyé
eussions	envoyé
eussiez	envoyé
eussent	envoyé

CONDITIONNEL

Présent

j'	enverrais	[-verɛ]
tu	enverrais	[-verɛ]
il	enverrait	[-verɛ]
ns	enverrions	[-verjõ]
vs	enverriez	[-verje]
ils	enverraient	[-verɛ]

Passé

aurais	envoyé
aurais	envoyé
aurait	envoyé
aurions	envoyé
auriez	envoyé
auraient	envoyé

IMPÉRATIF

Présent

envoie	[-vwa]
envoyons	[-vwajõ]
envoyez	[-vwaje]

Passé

aie	envoyé
ayons	envoyé
ayez	envoyé

31 aller

INFINITIF

Présent	Passé
aller	être allé
[ale]	[ɛtrale]

PARTICIPE

Présent	Passé
allant	allé, e
[alɑ̃]	[ale]

INDICATIF

	Présent		Passé composé	
je	vais	[vɛ]	suis	allé
tu	vas	[va]	es	allé
il	va	[va]	est	allé
ns	allons	[alõ]	sommes	allés
vs	allez	[ale]	êtes	allés
ils	vont	[võ]	sont	allés

SUBJONCTIF

		Présent		Passé	
q.	j'	aille	[aj]	sois	allé
	tu	ailles	[aj]	sois	allé
	il	aille	[aj]	soit	allé
	ns	allions	[aljõ]	soyons	allés
	vs	alliez	[alje]	soyez	allés
	ils	aillent	[aj]	soient	allés

	Imparfait		Plus-que-parfait	
j'	allais	[alɛ]	étais	allé
tu	allais	[alɛ]	étais	allé
il	allait	[alɛ]	était	allé
ns	allions	[aljõ]	étions	allés
vs	alliez	[alje]	étiez	allés
ils	allaient	[alɛ]	étaient	allés

		Imparfait		Plus-que-parfait	
q.	j'	allasse	[alas]	fusse	allé
	tu	allasses	[alas]	fusses	allé
	il	allât	[ala]	fût	allé
	ns	allassions	[alasjõ]	fussions	allés
	vs	allassiez	[alasje]	fussiez	allés
	ils	allassent	[alas]	fussent	allés

	Futur simple		Futur antérieur	
j'	irai	[ire]	serai	allé
tu	iras	[ira]	seras	allé
il	ira	[ira]	sera	allé
ns	irons	[irõ]	serons	allés
vs	irez	[ire]	serez	allés
ils	iront	[irõ]	seront	allés

CONDITIONNEL

	Présent		Passé	
j'	irais	[irɛ]	serais	allé
tu	irais	[irɛ]	serais	allé
il	irait	[irɛ]	serait	allé
ns	irions	[irjõ]	serions	allés
vs	iriez	[irje]	seriez	allés
ils	iraient	[irɛ]	seraient	allés

	Passé simple		Passé antérieur	
j'	allai	[ale]	fus	allé
tu	allas	[ala]	fus	allé
il	alla	[ala]	fut	allé
ns	allâmes	[alam]	fûmes	allés
vs	allâtes	[alat]	fûtes	allés
ils	allèrent	[alɛr]	furent	allés

IMPÉRATIF

Présent		Passé	
va	[va]	sois	allé
allons	[alõ]	soyons	allés
allez	[ale]	soyez	allés

Remarque : *Aller* fait à l'impér. *vas* dans *vas-y*. *S'en aller* fait à l'impér. : *Va-t'en, Allons-nous-en, Allez vous-en*. Aux temps composés, le verbe *être* peut se substituer au verbe *aller* : *Avoir été, J'ai été*, etc. Aux temps composés du pronominal *s'en aller*, *en* se place normalement avant l'auxiliaire : *Je m'en suis allé*, mais la langue courante dit de plus en plus *je me suis en allé*.

33 haïr

INFINITIF

Présent	Passé
haïr	avoir haï
[air]	[avwarai]

PARTICIPE

Présent	Passé
haïssant	haï, e
[aisɑ̃]	[ai]

INDICATIF

Présent

je	hais	[ɛ]
tu	hais	[ɛ]
il	hait	[ɛ]
ns	haïssons	[aisɔ̃]
vs	haïssez	[aise]
ils	haïssent	[ais]

Passé composé

ai	haï	
as	haï	
a	haï	
avons	haï	
avez	haï	
ont	haï	

SUBJONCTIF

Présent

q. je	haïsse	[ais]	
tu	haïsses	[ais]	
il	haïsse	[ais]	
ns	haïssions	[aisjɔ̃]	
vs	haïssiez	[aisje]	
ils	haïssent	[ais]	

Passé

aie	haï
aies	haï
ait	haï
ayons	haï
ayez	haï
aient	haï

Imparfait

je	haïssais	[aisɛ]
tu	haïssais	[aisɛ]
il	haïssait	[aisɛ]
ns	haïssions	[aisjɔ̃]
vs	haïssiez	[aisje]
ils	haïssaient	[aisɛ]

Plus-que-parfait

avais	haï
avais	haï
avait	haï
avions	haï
aviez	haï
avaient	haï

Imparfait

q. je	haïsse	[ais]
tu	haïsses	[ais]
il	haït	[ai]
ns	haïssions	[aisjɔ̃]
vs	haïssiez	[aisje]
ils	haïssent	[ais]

Plus-que-parfait

eusse	haï
eusses	haï
eût	haï
eussions	haï
eussiez	haï
eussent	haï

CONDITIONNEL

Futur simple

je	haïrai	[aire]
tu	haïras	[aira]
il	haïra	[aira]
ns	haïrons	[airɔ̃]
vs	haïrez	[aire]
ils	haïront	[airɔ̃]

Futur antérieur

aurai	haï
auras	haï
aura	haï
aurons	haï
aurez	haï
auront	haï

Présent

je	haïrais	[airɛ]
tu	haïrais	[airɛ]
il	haïrait	[airɛ]
ns	haïrions	[airjɔ̃]
vs	haïriez	[airje]
ils	haïraient	[airɛ]

Passé

aurais	haï
aurais	haï
aurait	haï
aurions	haï
auriez	haï
auraient	haï

IMPÉRATIF

Passé simple

je	haïs	[ai]
tu	haïs	[ai]
il	haït	[ai]
ns	haïmes	[aim]
vs	haïtes	[ait]
ils	haïrent	[air]

Passé antérieur

eus	haï
eus	haï
eut	haï
eûmes	haï
eûtes	haï
eurent	haï

Présent

hais	[ɛ]	
haïssons	[aisɔ̃]	
haïssez	[aise]	

Passé

aie	haï
ayons	haï
ayez	haï

34 ouvrir

INFINITIF

Présent	Passé
ouvrir [uvrir]	avoir ouvert [avwaruvɛr]

PARTICIPE

Présent	Passé
ouvrant [uvrɑ̃]	ouvert, e [uvɛr, -ɛrt]

INDICATIF

Présent

			Passé composé	
j'	ouvre	[uvr]	ai	ouvert
tu	ouvres	[uvr]	as	ouvert
il	ouvre	[uvr]	a	ouvert
ns	ouvrons	[uvrɔ̃]	avons	ouvert
vs	ouvrez	[uvre]	avez	ouvert
ils	ouvrent	[uvr]	ont	ouvert

Imparfait

			Plus-que-parfait	
j'	ouvrais	[uvrɛ]	avais	ouvert
tu	ouvrais	[uvrɛ]	avais	ouvert
il	ouvrait	[uvrɛ]	avait	ouvert
ns	ouvrions	[uvrijɔ̃]	avions	ouvert
vs	ouvriez	[uvrije]	aviez	ouvert
ils	ouvraient	[uvrɛ]	avaient	ouvert

Futur simple

			Futur antérieur	
j'	ouvrirai	[uvrire]	aurai	ouvert
tu	ouvriras	[uvrira]	auras	ouvert
il	ouvrira	[uvrira]	aura	ouvert
ns	ouvrirons	[uvrirɔ̃]	aurons	ouvert
vs	ouvrirez	[uvrire]	aurez	ouvert
ils	ouvriront	[uvrirɔ̃]	auront	ouvert

Passé simple

			Passé antérieur	
j'	ouvris	[uvri]	eus	ouvert
tu	ouvris	[uvri]	eus	ouvert
il	ouvrit	[uvri]	eut	ouvert
ns	ouvrîmes	[uvrim]	eûmes	ouvert
vs	ouvrîtes	[uvrit]	eûtes	ouvert
ils	ouvrirent	[uvrir]	eurent	ouvert

SUBJONCTIF

Présent

				Passé	
q. j'	ouvre	[uvr]	aie	ouvert
tu	ouvres	[uvr]	aies	ouvert
il	ouvre	[uvr]	ait	ouvert
ns	ouvrions	[uvrijɔ̃]	ayons	ouvert
vs	ouvriez	[uvrije]	ayez	ouvert
ils	ouvrent	[uvr]	aient	ouvert

Imparfait

				Plus-que-parfait	
q. j'	ouvrisse	[uvris]	eusse	ouvert
tu	ouvrisses	[uvris]	eusses	ouvert
il	ouvrît	[uvri]	eût	ouvert
ns	ouvrissions	[uvrisjɔ̃]	eussions	ouvert
vs	ouvrissiez	[uvrisje]	eussiez	ouvert
ils	ouvrissent	[uvris]	eussent	ouvert

CONDITIONNEL

Présent

			Passé	
j'	ouvrirais	[uvrirɛ]	aurais	ouvert
tu	ouvrirais	[uvrirɛ]	aurais	ouvert
il	ouvrirait	[uvrirɛ]	aurait	ouvert
ns	ouvririons	[uvrirjɔ̃]	aurions	ouvert
vs	ouvririez	[uvrirje]	auriez	ouvert
ils	ouvriraient	[uvrirɛ]	auraient	ouvert

IMPÉRATIF

Présent

		Passé	
ouvre	[uvr]	aie	ouvert
ouvrons	[uvrɔ̃]	ayons	ouvert
ouvrez	[uvre]	ayez	ouvert

35 fuir

---- INFINITIF ----

Présent	Passé
fuir	avoir fui
[fɥir]	[avwarfɥi]

---- PARTICIPE ----

Présent	Passé
fuyant	fui, e
[fɥijã]	[fɥi]

---- INDICATIF ----

Présent		Passé composé	
je fuis	[fɥi]	ai	fui
tu fuis	[fɥi]	as	fui
il fuit	[fɥi]	a	fui
ns fuyons	[fɥijɔ̃]	avons	fui
vs fuyez	[fɥije]	avez	fui
ils fuient	[fɥi]	ont	fui

---- SUBJONCTIF ----

Présent		Passé	
q. je fuie	[fɥi]	aie	fui
tu fuies	[fɥi]	aies	fui
il fuie	[fɥi]	ait	fui
ns fuyions	[fɥijjɔ̃]	ayons	fui
vs fuyiez	[fɥijje]	ayez	fui
ils fuient	[fɥi]	aient	fui

Imparfait		Plus-que-parfait	
je fuyais	[fɥijɛ]	avais	fui
tu fuyais	[fɥijɛ]	avais	fui
il fuyait	[fɥijɛ]	avait	fui
ns fuyions	[fɥijjɔ̃]	avions	fui
vs fuyiez	[fɥijje]	aviez	fui
ils fuyaient	[fɥijɛ]	avaient	fui

Imparfait		Plus-que-parfait	
q. je fuisse	[fɥis]	eusse	fui
tu fuisses	[fɥis]	eusses	fui
il fuît	[fɥi]	eût	fui
ns fuissions	[fɥisjɔ̃]	eussions	fui
vs fuissiez	[fɥisje]	eussiez	fui
ils fuissent	[fɥis]	eussent	fui

---- CONDITIONNEL ----

Futur simple		Futur antérieur	
je fuirai	[fɥire]	aurai	fui
tu fuiras	[fɥira]	auras	fui
il fuira	[fɥira]	aura	fui
ns fuirons	[fɥirɔ̃]	aurons	fui
vs fuirez	[fɥire]	aurez	fui
ils fuiront	[fɥirɔ̃]	auront	fui

Présent		Passé	
je fuirais	[fɥirɛ]	aurais	fui
tu fuirais	[fɥirɛ]	aurais	fui
il fuirait	[fɥirɛ]	aurait	fui
ns fuirions	[fɥirjɔ̃]	aurions	fui
vs fuiriez	[fɥirje]	auriez	fui
ils fuiraient	[fɥirɛ]	auraient	fui

---- IMPÉRATIF ----

Passé simple		Passé antérieur	
je fuis	[fɥi]	eus	fui
tu fuis	[fɥi]	eus	fui
il fuit	[fɥi]	eut	fui
ns fuîmes	[fɥim]	eûmes	fui
vs fuîtes	[fɥit]	eûtes	fui
ils fuirent	[fɥir]	eurent	fui

Présent		Passé	
fuis	[fɥi]	aie	fui
fuyons	[fɥijɔ̃]	ayons	fui
fuyez	[fɥije]	ayez	fui

36 dormir

___ INFINITIF ___

Présent	Passé
dormir	avoir dormi
[dɔrmir]	[avwardɔrmi]

___ PARTICIPE ___

Présent	Passé
dormant	dormi
[dɔrmɑ̃]	[dɔrmi]

___ INDICATIF ___

Présent

			Passé composé	
je	dors	[dɔr]	ai	dormi
tu	dors	[dɔr]	as	dormi
il	dort	[dɔr]	a	dormi
ns	dormons	[dɔrmɔ̃]	avons	dormi
vs	dormez	[dɔrme]	avez	dormi
ils	dorment	[dɔrm]	ont	dormi

Imparfait

			Plus-que-parfait	
je	dormais	[dɔrmɛ]	avais	dormi
tu	dormais	[dɔrmɛ]	avais	dormi
il	dormait	[dɔrmɛ]	avait	dormi
ns	dormions	[dɔrmjɔ̃]	avions	dormi
vs	dormiez	[dɔrmje]	aviez	dormi
ils	dormaient	[dɔrmɛ]	avaient	dormi

Futur simple

			Futur antérieur	
je	dormirai	[dɔrmire]	aurai	dormi
tu	dormiras	[dɔrmira]	auras	dormi
il	dormira	[dɔrmira]	aura	dormi
ns	dormirons	[dɔrmirɔ̃]	aurons	dormi
vs	dormirez	[dɔrmire]	aurez	dormi
ils	dormiront	[dɔrmirɔ̃]	auront	dormi

Passé simple

			Passé antérieur	
je	dormis	[dɔrmi]	eus	dormi
tu	dormis	[dɔrmi]	eus	dormi
il	dormit	[dɔrmi]	eut	dormi
ns	dormîmes	[dɔrmim]	eûmes	dormi
vs	dormîtes	[dɔrmit]	eûtes	dormi
ils	dormirent	[dɔrmir]	eurent	dormi

___ SUBJONCTIF ___

Présent

				Passé	
q. je	dorme	[dɔrm]		aie	dormi
tu	dormes	[dɔrm]		aies	dormi
il	dorme	[dɔrm]		ait	dormi
ns	dormions	[dɔrmjɔ̃]		ayons	dormi
vs	dormiez	[dɔrmje]		ayez	dormi
ils	dorment	[dɔrm]		aient	dormi

Imparfait

				Plus-que-parfait	
q. je	dormisse	[dɔrmis]		eusse	dormi
tu	dormisses	[dɔrmis]		eusses	dormi
il	dormît	[dɔrmi]		eût	dormi
ns	dormissions	[dɔrmisjɔ̃]		eussions	dormi
vs	dormissiez	[dɔrmisje]		eussiez	dormi
ils	dormissent	[dɔrmis]		eussent	dormi

___ CONDITIONNEL ___

Présent

			Passé	
je	dormirais	[dɔrmirɛ]	aurais	dormi
tu	dormirais	[dɔrmirɛ]	aurais	dormi
il	dormirait	[dɔrmirɛ]	aurait	dormi
ns	dormirions	[dɔrmirjɔ̃]	aurions	dormi
vs	dormiriez	[dɔrmirje]	auriez	dormi
ils	dormiraient	[dɔrmirɛ]	auraient	dormi

___ IMPÉRATIF ___

Présent			Passé	
dors	[dɔr]		aie	dormi
dormons	[dɔrmɔ̃]		ayons	dormi
dormez	[dɔrme]		ayez	dormi

Remarque : *Endormir* se conjugue comme *dormir* mais son participe passé est variable.

37 mentir

INFINITIF

Présent	Passé
mentir	avoir menti
[mɑ̃tir]	[avwarmɑ̃ti]

PARTICIPE

Présent	Passé
mentant	menti
[mɑ̃tɑ̃]	[mɑ̃ti]

INDICATIF

	Présent		Passé composé	
je	mens	[mɑ̃]	ai	menti
tu	mens	[mɑ̃]	as	menti
il	ment	[mɑ̃]	a	menti
ns	mentons	[mɑ̃tɔ̃]	avons	menti
vs	mentez	[mɑ̃te]	avez	menti
ils	mentent	[mɑ̃t]	ont	menti

SUBJONCTIF

		Présent		Passé	
q.	je	mente	[mɑ̃t]	aie	menti
	tu	mentes	[mɑ̃t]	aies	menti
	il	mente	[mɑ̃t]	ait	menti
	ns	mentions	[mɑ̃tjɔ̃]	ayons	menti
	vs	mentiez	[mɑ̃tje]	ayez	menti
	ils	mentent	[mɑ̃t]	aient	menti

	Imparfait		Plus-que-parfait	
je	mentais	[mɑ̃tɛ]	avais	menti
tu	mentais	[mɑ̃tɛ]	avais	menti
il	mentait	[mɑ̃tɛ]	avait	menti
ns	mentions	[mɑ̃tjɔ̃]	avions	menti
vs	mentiez	[mɑ̃tje]	aviez	menti
ils	mentaient	[mɑ̃tɛ]	avaient	menti

		Imparfait		Plus-que-parfait	
q.	je	mentisse	[mɑ̃tis]	eusse	menti
	tu	mentisses	[mɑ̃tis]	eusses	menti
	il	mentît	[mɑ̃ti]	eût	menti
	ns	mentissions	[mɑ̃tisjɔ̃]	eussions	menti
	vs	mentissiez	[mɑ̃tisje]	eussiez	menti
	ils	mentissent	[mɑ̃tis]	eussent	menti

	Futur simple		Futur antérieur	
je	mentirai	[mɑ̃tire]	aurai	menti
tu	mentiras	[mɑ̃tira]	auras	menti
il	mentira	[mɑ̃tira]	aura	menti
ns	mentirons	[mɑ̃tirɔ̃]	aurons	menti
vs	mentirez	[mɑ̃tire]	aurez	menti
ils	mentiront	[mɑ̃tirɔ̃]	auront	menti

CONDITIONNEL

	Présent		Passé	
je	mentirais	[mɑ̃tirɛ]	aurais	menti
tu	mentirais	[mɑ̃tirɛ]	aurais	menti
il	mentirait	[mɑ̃tirɛ]	aurait	menti
ns	mentirions	[mɑ̃tirjɔ̃]	aurions	menti
vs	mentiriez	[mɑ̃tirje]	auriez	menti
ils	mentiraient	[mɑ̃tirɛ]	auraient	menti

	Passé simple		Passé antérieur	
je	mentis	[mɑ̃ti]	eus	menti
tu	mentis	[mɑ̃ti]	eus	menti
il	mentit	[mɑ̃ti]	eut	menti
ns	mentîmes	[mɑ̃tim]	eûmes	menti
vs	mentîtes	[mɑ̃tit]	eûtes	menti
ils	mentirent	[mɑ̃tir]	eurent	menti

IMPÉRATIF

Présent		Passé	
mens	[mɑ̃]	aie	menti
mentons	[mɑ̃tɔ̃]	ayons	menti
mentez	[mɑ̃te]	ayez	menti

Remarque : *Démentir* se conjugue comme *mentir* mais son participe passé est variable.

38 servir

── INFINITIF ──

Présent	Passé
servir	avoir servi
[sɛrvir]	[avwarsɛrvi]

── PARTICIPE ──

Présent	Passé
servant	servi, e
[sɛrvɑ̃]	[sɛrvi]

── INDICATIF ──

Présent			Passé composé	
je	sers	[sɛr]	ai	servi
tu	sers	[sɛr]	as	servi
il	sert	[sɛr]	a	servi
ns	servons	[sɛrvɔ̃]	avons	servi
vs	servez	[sɛrve]	avez	servi
ils	servent	[sɛrv]	ont	servi

── SUBJONCTIF ──

Présent			Passé	
q. je	serve	[sɛrv]	aie	servi
tu	serves	[sɛrv]	aies	servi
il	serve	[sɛrv]	ait	servi
ns	servions	[sɛrvjɔ̃]	ayons	servi
vs	serviez	[sɛrvje]	ayez	servi
ils	servent	[sɛrv]	aient	servi

Imparfait			Plus-que-parfait	
je	servais	[sɛrvɛ]	avais	servi
tu	servais	[sɛrvɛ]	avais	servi
il	servait	[sɛrvɛ]	avait	servi
ns	servions	[sɛrvjɔ̃]	avions	servi
vs	serviez	[sɛrvje]	aviez	servi
ils	servaient	[sɛrvɛ]	avaient	servi

Imparfait			Plus-que-parfait	
q. je	servisse	[sɛrvis]	eusse	servi
tu	servisses	[sɛrvis]	eusses	servi
il	servît	[sɛrvi]	eût	servi
ns	servissions	[sɛrvisjɔ̃]	eussions	servi
vs	servissiez	[sɛrvisje]	eussiez	servi
ils	servissent	[sɛrvis]	eussent	servi

── CONDITIONNEL ──

Futur simple			Futur antérieur	
je	servirai	[sɛrvire]	aurai	servi
tu	serviras	[sɛrvira]	auras	servi
il	servira	[sɛrvira]	aura	servi
ns	servirons	[sɛrvirɔ̃]	aurons	servi
vs	servirez	[sɛrvire]	aurez	servi
ils	serviront	[sɛrvirɔ̃]	auront	servi

Présent			Passé	
je	servirais	[sɛrvirɛ]	aurais	servi
tu	servirais	[sɛrvirɛ]	aurais	servi
il	servirait	[sɛrvirɛ]	aurait	servi
ns	servirions	[sɛrvirjɔ̃]	aurions	servi
vs	serviriez	[sɛrvirje]	auriez	servi
ils	serviraient	[sɛrvirɛ]	auraient	servi

── IMPÉRATIF ──

Passé simple			Passé antérieur	
je	servis	[sɛrvi]	eus	servi
tu	servis	[sɛrvi]	eus	servi
il	servit	[sɛrvi]	eut	servi
ns	servîmes	[sɛrvim]	eûmes	servi
vs	servîtes	[sɛrvit]	eûtes	servi
ils	servirent	[sɛrvir]	eurent	servi

Présent			Passé	
sers	[sɛr]		aie	servi
servons	[sɛrvɔ̃]		ayons	servi
servez	[sɛrve]		ayez	servi

39 acquérir

INFINITIF

Présent	Passé
acquérir	avoir acquis
[akerir]	[avwaraki]

PARTICIPE

Présent	Passé
acquérant	acquis, e
[akerɑ̃]	[aki, -iz]

INDICATIF

Présent			Passé composé	
j'	acquiers	[-kjɛr]	ai	acquis
tu	acquiers	[-kjɛr]	as	acquis
il	acquiert	[-kjɛr]	a	acquis
ns	acquérons	[-kerɔ̃]	avons	acquis
vs	acquérez	[-kere]	avez	acquis
ils	acquièrent	[-kjɛr]	ont	acquis

Imparfait			Plus-que-parfait	
j'	acquérais	[-kerɛ]	avais	acquis
tu	acquérais	[-kerɛ]	avais	acquis
il	acquérait	[-kerɛ]	avait	acquis
ns	acquérions	[-kerjɔ̃]	avions	acquis
vs	acquériez	[-kerje]	aviez	acquis
ils	acquéraient	[-kerɛ]	avaient	acquis

Futur simple			Futur antérieur	
j'	acquerrai	[-ker(r)e]	aurai	acquis
tu	acquerras	[-ker(r)a]	auras	acquis
il	acquerra	[-ker(r)a]	aura	acquis
ns	acquerrons	[-ker(r)ɔ̃]	aurons	acquis
vs	acquerrez	[-ker(r)e]	aurez	acquis
ils	acquerront	[-ker(r)ɔ̃]	auront	acquis

Passé simple			Passé antérieur	
j'	acquis	[aki]	eus	acquis
tu	acquis	[aki]	eus	acquis
il	acquit	[aki]	eut	acquis
ns	acquîmes	[akim]	eûmes	acquis
vs	acquîtes	[akit]	eûtes	acquis
ils	acquirent	[akir]	eurent	acquis

SUBJONCTIF

Présent				Passé	
q.	j'	acquière	[-kjɛr]	aie	acquis
	tu	acquières	[-kjɛr]	aies	acquis
	il	acquière	[-kjɛr]	ait	acquis
	ns	acquérions	[-kerjɔ̃]	ayons	acquis
	vs	acquériez	[-kerje]	ayez	acquis
	ils	acquièrent	[-kjɛr]	aient	acquis

Imparfait				Plus-que-parfait	
q.	j'	acquisse	[-kis]	eusse	acquis
	tu	acquisses	[-kis]	eusses	acquis
	il	acquît	[-ki]	eût	acquis
	ns	acquissions	[-kisjɔ̃]	eussions	acquis
	vs	acquissiez	[-kisje]	eussiez	acquis
	ils	acquissent	[-kis]	eussent	acquis

CONDITIONNEL

Présent			Passé	
j'	acquerrais	[-ker(r)ɛ]	aurais	acquis
tu	acquerrais	[-ker(r)ɛ]	aurais	acquis
il	acquerrait	[-ker(r)ɛ]	aurait	acquis
ns	acquerrions	[-ker(r)jɔ̃]	aurions	acquis
vs	acquerriez	[-ker(r)je]	auriez	acquis
ils	acquerraient	[-ker(r)ɛ]	auraient	acquis

IMPÉRATIF

Présent		Passé	
acquiers	[-kjɛr]	aie	acquis
acquérons	[-kerɔ̃]	ayons	acquis
acquérez	[-kere]	ayez	acquis

40 venir

— INFINITIF —

	Présent	Passé
	venir [v(ə)nir]	être venu [ɛtrəv(ə)ny]

— PARTICIPE —

	Présent	Passé
	venant [v(ə)nɑ̃]	venu, e [v(ə)ny]

— INDICATIF —

Présent

			Passé composé	
je	viens	[vjɛ̃]	suis	venu
tu	viens	[vjɛ̃]	es	venu
il	vient	[vjɛ̃]	est	venu
ns	venons	[v(ə)nɔ̃]	sommes	venus
vs	venez	[v(ə)ne]	êtes	venus
ils	viennent	[vjɛn]	sont	venus

Imparfait

			Plus-que-parfait	
je	venais	[v(ə)nɛ]	étais	venu
tu	venais	[v(ə)nɛ]	étais	venu
il	venait	[v(ə)nɛ]	était	venu
ns	venions	[v(ə)njɔ̃]	étions	venus
vs	veniez	[v(ə)nje]	étiez	venus
ils	venaient	[v(ə)nɛ]	étaient	venus

Futur simple

			Futur antérieur	
je	viendrai	[vjɛ̃dre]	serai	venu
tu	viendras	[vjɛ̃dra]	seras	venu
il	viendra	[vjɛ̃dra]	sera	venu
ns	viendrons	[vjɛ̃drɔ̃]	serons	venus
vs	viendrez	[vjɛ̃dre]	serez	venus
ils	viendront	[vjɛ̃drɔ̃]	seront	venus

Passé simple

			Passé antérieur	
je	vins	[vɛ̃]	fus	venu
tu	vins	[vɛ̃]	fus	venu
il	vint	[vɛ̃]	fut	venu
ns	vînmes	[vɛ̃m]	fûmes	venus
vs	vîntes	[vɛ̃t]	fûtes	venus
ils	vinrent	[vɛ̃r]	furent	venus

— SUBJONCTIF —

Présent

				Passé	
q. je	vienne	[vjɛn]		sois	venu
tu	viennes	[vjɛn]		sois	venu
il	vienne	[vjɛn]		soit	venu
ns	venions	[v(ə)njɔ̃]		soyons	venus
vs	veniez	[v(ə)nje]		soyez	venus
ils	viennent	[vjɛn]		soient	venus

Imparfait

				Plus-que-parfait	
q. je	vinsse	[vɛ̃s]		fusse	venu
tu	vinsses	[vɛ̃s]		fusses	venu
il	vînt	[vɛ̃]		fût	venu
ns	vinssions	[vɛ̃sjɔ̃]		fussions	venus
vs	vinssiez	[vɛ̃sje]		fussiez	venus
ils	vinssent	[vɛ̃s]		fussent	venus

— CONDITIONNEL —

Présent

			Passé	
je	viendrais	[vjɛ̃drɛ]	serais	venu
tu	viendrais	[vjɛ̃drɛ]	serais	venu
il	viendrait	[vjɛ̃drɛ]	serait	venu
ns	viendrions	[vjɛ̃drijɔ̃]	serions	venus
vs	viendriez	[vjɛ̃drije]	seriez	venus
ils	viendraient	[vjɛ̃drɛ]	seraient	venus

— IMPÉRATIF —

Présent			Passé	
viens	[vjɛ̃]		sois	venu
venons	[vənɔ̃]		soyons	venus
venez	[vəne]		soyez	venus

41 cueillir

INFINITIF

Présent	Passé
cueillir	avoir cueilli
[køjir]	[avwarkøji]

PARTICIPE

Présent	Passé
cueillant	cueilli, e
[køjɑ̃]	[køji]

INDICATIF

Présent		Passé composé	
je cueille	[kœj]	ai	cueilli
tu cueilles	[kœj]	as	cueilli
il cueille	[kœj]	a	cueilli
ns cueillons	[køjɔ̃]	avons	cueilli
vs cueillez	[køje]	avez	cueilli
ils cueillent	[kœj]	ont	cueilli

SUBJONCTIF

Présent		Passé	
q. je cueille	[kœj]	aie	cueilli
tu cueilles	[kœj]	aies	cueilli
il cueille	[kœj]	ait	cueilli
ns cueillions	[køjjɔ̃]	ayons	cueilli
vs cueilliez	[køjje]	ayez	cueilli
ils cueillent	[kœj]	aient	cueilli

Imparfait		Plus-que-parfait	
je cueillais	[kœjɛ]	avais	cueilli
tu cueillais	[kœjɛ]	avais	cueilli
il cueillait	[kœjɛ]	avait	cueilli
ns cueillions	[køjjɔ̃]	avions	cueilli
vs cueilliez	[køjje]	aviez	cueilli
ils cueillaient	[kœjɛ]	avaient	cueilli

Imparfait		Plus-que-parfait	
q. je cueillisse	[køjis]	eusse	cueilli
tu cueillisses	[køjis]	eusses	cueilli
il cueillît	[køji]	eût	cueilli
ns cueillissions	[køjisjɔ̃]	eussions	cueilli
vs cueillissiez	[køjisje]	eussiez	cueilli
ils cueillissent	[køjis]	eussent	cueilli

CONDITIONNEL

Futur simple		Futur antérieur	
je cueillerai	[kœjre]	aurai	cueilli
tu cueilleras	[kœjra]	auras	cueilli
il cueillera	[kœjra]	aura	cueilli
ns cueillerons	[kœjrɔ̃]	aurons	cueilli
vs cueillerez	[kœjre]	aurez	cueilli
ils cueilleront	[kœjrɔ̃]	auront	cueilli

Présent		Passé	
je cueillerais	[kœjrɛ]	aurais	cueilli
tu cueillerais	[kœjrɛ]	aurais	cueilli
il cueillerait	[kœjrɛ]	aurait	cueilli
ns cueillerions	[køjərjɔ̃]	aurions	cueilli
vs cueilleriez	[køjərje]	auriez	cueilli
ils cueilleraient	[kœjrɛ]	auraient	cueilli

IMPÉRATIF

Passé simple		Passé antérieur	
je cueillis	[køji]	eus	cueilli
tu cueillis	[køji]	eus	cueilli
il cueillit	[køji]	eut	cueilli
ns cueillîmes	[køjim]	eûmes	cueilli
vs cueillîtes	[køjit]	eûtes	cueilli
ils cueillirent	[køjir]	eurent	cueilli

Présent		Passé	
cueille	[kœj]	aie	cueilli
cueillons	[køjɔ̃]	ayons	cueilli
cueillez	[køje]	ayez	cueilli

42 mourir

INFINITIF

Présent

mourir
[murir]

Passé

être mort
[ɛtrəmɔr]

PARTICIPE

Présent

mourant
[murɑ̃]

Passé

mort, e
[mɔr, mɔrt]

INDICATIF

Présent

je	meurs	[mœr]
tu	meurs	[mœr]
il	meurt	[mœr]
ns	mourons	[murɔ̃]
vs	mourez	[mure]
ils	meurent	[mœr]

Passé composé

suis	mort
es	mort
est	mort
sommes	morts
êtes	morts
sont	morts

Imparfait

je	mourais	[murɛ]
tu	mourais	[murɛ]
il	mourait	[murɛ]
ns	mourions	[murjɔ̃]
vs	mouriez	[murje]
ils	mouraient	[murɛ]

Plus-que-parfait

étais	mort
étais	mort
était	mort
étions	morts
étiez	morts
étaient	morts

Futur simple

je	mourrai	[mur(r)e]
tu	mourras	[mur(r)a]
il	mourra	[mur(r)a]
ns	mourrons	[mur(r)ɔ̃]
vs	mourrez	[mur(r)e]
ils	mourront	[mur(r)ɔ̃]

Futur antérieur

serai	mort
seras	mort
sera	mort
serons	morts
serez	morts
seront	morts

Passé simple

je	mourus	[mury]
tu	mourus	[mury]
il	mourut	[mury]
ns	mourûmes	[murym]
vs	mourûtes	[muryt]
ils	moururent	[muryr]

Passé antérieur

fus	mort
fus	mort
fut	mort
fûmes	morts
fûtes	morts
furent	morts

SUBJONCTIF

Présent

q. je	meure	[mœr]
tu	meures	[mœr]
il	meure	[mœr]
ns	mourions	[murjɔ̃]
vs	mouriez	[murje]
ils	meurent	[mœr]

Passé

sois	mort
sois	mort
soit	mort
soyons	morts
soyez	morts
soient	morts

Imparfait

q. je	mourusse	[murys]
tu	mourusses	[murys]
il	mourût	[mury]
ns	mourussions	[murysjɔ̃]
vs	mourussiez	[murysje]
ils	mourussent	[murys]

Plus-que-parfait

fusse	mort
fusses	mort
fût	mort
fussions	morts
fussiez	morts
fussent	morts

CONDITIONNEL

Présent

je	mourrais	[mur(r)ɛ]
tu	mourrais	[mur(r)ɛ]
il	mourrait	[mur(r)ɛ]
ns	mourrions	[mur(r)jɔ̃]
vs	mourriez	[mur(r)je]
ils	mourraient	[mur(r)ɛ]

Passé

serais	mort
serais	mort
serait	mort
serions	morts
seriez	morts
seraient	morts

IMPÉRATIF

Présent

meurs	[mœr]
mourons	[murɔ̃]
mourez	[mure]

Passé

sois	mort
soyons	morts
soyez	morts

43 partir

── INFINITIF ──

Présent	Passé
partir	être parti
[partir]	[ɛtrəparti]

── INDICATIF ──

Présent		Passé composé	
je	pars [par]	suis	parti
tu	pars [par]	es	parti
il	part [par]	est	parti
ns	partons [partɔ̃]	sommes	partis
vs	partez [parte]	êtes	partis
ils	partent [part]	sont	partis

Imparfait		Plus-que-parfait	
je	partais [partɛ]	étais	parti
tu	partais [partɛ]	étais	parti
il	partait [partɛ]	était	parti
ns	partions [partjɔ̃]	étions	partis
vs	partiez [partje]	étiez	partis
ils	partaient [partɛ]	étaient	partis

Futur simple		Futur antérieur	
je	partirai [partire]	serai	parti
tu	partiras [partira]	seras	parti
il	partira [partira]	sera	parti
ns	partirons [partirɔ̃]	serons	partis
vs	partirez [partire]	serez	partis
ils	partiront [partirɔ̃]	seront	partis

Passé simple		Passé antérieur	
je	partis [parti]	fus	parti
tu	partis [parti]	fus	parti
il	partit [parti]	fut	parti
ns	partîmes [partim]	fûmes	partis
vs	partîtes [partit]	fûtes	partis
ils	partirent [partir]	furent	partis

── PARTICIPE ──

Présent	Passé
partant	parti, e
[partɑ̃]	[parti]

── SUBJONCTIF ──

Présent		Passé	
q. je	parte [part]	sois	parti
tu	partes [part]	sois	parti
il	parte [part]	soit	parti
ns	partions [partjɔ̃]	soyons	partis
vs	partiez [partje]	soyez	partis
ils	partent [part]	soient	partis

Imparfait		Plus-que-parfait	
q. je	partisse [partis]	fusse	parti
tu	partisses [partis]	fusses	parti
il	partît [parti]	fût	parti
ns	partissions [partisjɔ̃]	fussions	partis
vs	partissiez [partisje]	fussiez	partis
ils	partissent [partis]	fussent	partis

── CONDITIONNEL ──

Présent		Passé	
je	partirais [partirɛ]	serais	parti
tu	partirais [partirɛ]	serais	parti
il	partirait [partirɛ]	serait	parti
ns	partirions [partirjɔ̃]	serions	partis
vs	partiriez [partirje]	seriez	partis
ils	partiraient [partirɛ]	seraient	partis

── IMPÉRATIF ──

Présent		Passé	
pars	[par]	sois	parti
partons	[partɔ̃]	soyons	partis
partez	[parte]	soyez	partis

44 revêtir

INFINITIF

Présent	Passé
revêtir	avoir revêtu
[rəvetir]	[avwarrəvety]

PARTICIPE

Présent	Passé
revêtant	revêtu, e
[rəvetɑ̃]	[rəvety]

INDICATIF

Présent		Passé composé	
je revêts	[-vɛ]	ai	revêtu
tu revêts	[-vɛ]	as	revêtu
il revêt	[-vɛ]	a	revêtu
ns revêtons	[-vetɔ̃]	avons	revêtu
vs revêtez	[-vete]	avez	revêtu
ils revêtent	[-vɛt]	ont	revêtu

Imparfait		Plus-que-parfait	
je revêtais	[-vetɛ]	avais	revêtu
tu revêtais	[-vetɛ]	avais	revêtu
il revêtait	[-vetɛ]	avait	revêtu
ns revêtions	[-vetjɔ̃]	avions	revêtu
vs revêtiez	[-vetje]	aviez	revêtu
ils revêtaient	[-vetɛ]	avaient	revêtu

Futur simple		Futur antérieur	
je revêtirai	[-vetire]	aurai	revêtu
tu revêtiras	[-vetira]	auras	revêtu
il revêtira	[-vetira]	aura	revêtu
ns revêtirons	[-vetirɔ̃]	aurons	revêtu
vs revêtirez	[-vetire]	aurez	revêtu
ils revêtiront	[-vetirɔ̃]	auront	revêtu

Passé simple		Passé antérieur	
je revêtis	[-veti]	eus	revêtu
tu revêtis	[-veti]	eus	revêtu
il revêtit	[-veti]	eut	revêtu
ns revêtîmes	[-vetim]	eûmes	revêtu
vs revêtîtes	[-vetit]	eûtes	revêtu
ils revêtirent	[-vetir]	eurent	revêtu

SUBJONCTIF

Présent		Passé	
q. je revête	[-vɛt]	aie	revêtu
tu revêtes	[-vɛt]	aies	revêtu
il revête	[-vɛt]	ait	revêtu
ns revêtions	[-vetjɔ̃]	ayons	revêtu
vs revêtiez	[-vetje]	ayez	revêtu
ils revêtent	[-vɛt]	aient	revêtu

Imparfait		Plus-que-parfait	
q. je revêtisse	[-vetis]	eusse	revêtu
tu revêtisses	[-vetis]	eusses	revêtu
il revêtît	[-veti]	eût	revêtu
ns revêtissions	[-vetisjɔ̃]	eussions	revêtu
vs revêtissiez	[-vetisje]	eussiez	revêtu
ils revêtissent	[-vetis]	eussent	revêtu

CONDITIONNEL

Présent		Passé	
je revêtirais	[-vetirɛ]	aurais	revêtu
tu revêtirais	[-vetirɛ]	aurais	revêtu
il revêtirait	[-vetirɛ]	aurait	revêtu
ns revêtirions	[-vetirjɔ̃]	aurions	revêtu
vs revêtiriez	[-vetirje]	auriez	revêtu
ils revêtiraient	[-vetirɛ]	auraient	revêtu

IMPÉRATIF

Présent		Passé	
revêts	[-vɛ]	aie	revêtu
revêtons	[-vetɔ̃]	ayons	revêtu
revêtez	[-vete]	ayez	revêtu

55

45 courir

──── INFINITIF ────

Présent	Passé
courir	avoir couru
[kurir]	[avwarkury]

──── PARTICIPE ────

Présent	Passé
courant	couru, e
[kurɑ̃]	[kury]

──── INDICATIF ────

Présent / Passé composé

je	cours	[kur]	ai	couru
tu	cours	[kur]	as	couru
il	court	[kur]	a	couru
ns	courons	[kurɔ̃]	avons	couru
vs	courez	[kure]	avez	couru
ils	courent	[kur]	ont	couru

Imparfait / Plus-que-parfait

je	courais	[kurɛ]	avais	couru
tu	courais	[kurɛ]	avais	couru
il	courait	[kurɛ]	avait	couru
ns	courions	[kurjɔ̃]	avions	couru
vs	couriez	[kurje]	aviez	couru
ils	couraient	[kurɛ]	avaient	couru

Futur simple / Futur antérieur

je	courrai	[kur(r)e]	aurai	couru
tu	courras	[kur(r)a]	auras	couru
il	courra	[kur(r)a]	aura	couru
ns	courrons	[kur(r)ɔ̃]	aurons	couru
vs	courrez	[kur(r)e]	aurez	couru
ils	courront	[kur(r)ɔ̃]	auront	couru

Passé simple / Passé antérieur

je	courus	[kury]	eus	couru
tu	courus	[kury]	eus	couru
il	courut	[kury]	eut	couru
ns	courûmes	[kurym]	eûmes	couru
vs	courûtes	[kuryt]	eûtes	couru
ils	coururent	[kuryr]	eurent	couru

──── SUBJONCTIF ────

Présent / Passé

q. je	coure	[kur]	aie	couru
tu	coures	[kur]	aies	couru
il	coure	[kur]	ait	couru
ns	courions	[kurjɔ̃]	ayons	couru
vs	couriez	[kurje]	ayez	couru
ils	courent	[kur]	aient	couru

Imparfait / Plus-que-parfait

q. je	courusse	[kurys]	eusse	couru
tu	courusses	[kurys]	eusses	couru
il	courût	[kury]	eût	couru
ns	courussions	[kurysjɔ̃]	eussions	couru
vs	courussiez	[kurysje]	eussiez	couru
ils	courussent	[kurys]	eussent	couru

──── CONDITIONNEL ────

Présent / Passé

je	courrais	[kur(r)ɛ]	aurais	couru
tu	courrais	[kur(r)ɛ]	aurais	couru
il	courrait	[kur(r)ɛ]	aurait	couru
ns	courrions	[kur(r)jɔ̃]	aurions	couru
vs	courriez	[kur(r)je]	auriez	couru
ils	courraient	[kur(r)ɛ]	auraient	couru

──── IMPÉRATIF ────

Présent / Passé

cours	[kur]	aie	couru
courons	[kurɔ̃]	ayons	couru
courez	[kure]	ayez	couru

46 faillir

—— INFINITIF ——

Présent	Passé
faillir	avoir failli
[fajir]	[avwarfaji]

—— PARTICIPE ——

Présent	Passé
faillissant [fajisã]	failli
faillant	[faji]

—— INDICATIF ——

Présent / Passé composé

	Présent		Passé composé	
je	faillis	faux	ai	failli
tu	faillis	faux	as	failli
il	faillit	faut	a	failli
ns	faillissons	faillons	avons	failli
vs	faillissez	faillez	avez	failli
ils	faillissent	faillent	ont	failli

Imparfait / Plus-que-parfait

	Imparfait		Plus-que-parfait	
je	faillissais	faillais	avais	failli
tu	faillissais	faillais	avais	failli
il	faillissait	faillait	avait	failli
ns	faillissions	faillions	avions	failli
vs	faillissiez	failliez	aviez	failli
ils	faillissaient	faillaient	avaient	failli

Futur simple / Futur antérieur

	Futur simple		Futur antérieur	
je	faillirai	faudrai	aurai	failli
tu	failliras	faudras	auras	failli
il	faillira	faudra	aura	failli
ns	faillirons	faudrons	aurons	failli
vs	faillirez	faudrez	aurez	failli
ils	failliront	faudront	auront	failli

Passé simple / Passé antérieur

	Passé simple	Passé antérieur	
je	faillis	eus	failli
tu	faillis	eus	failli
il	faillit	eut	failli
ns	faillîmes	eûmes	failli
vs	faillîtes	eûtes	failli
ils	faillirent	eurent	failli

—— SUBJONCTIF ——

Présent / Passé

	Présent		Passé	
q. je	faillisse	faille	aie	failli
tu	faillisses	failles	aies	failli
il	faillisse	faille	ait	failli
ns	faillissions	faillions	ayons	failli
vs	faillissiez	failliez	ayez	failli
ils	faillissent	faillent	aient	failli

Imparfait / Plus-que-parfait

	Imparfait	Plus-que-parfait	
q. je	faillisse	eusse	failli
tu	faillisses	eusses	failli
il	faillît	eût	failli
ns	faillissions	eussions	failli
vs	faillissiez	eussiez	failli
ils	faillissent	eussent	failli

—— CONDITIONNEL ——

	Présent		Passé	
je	faillirais	faudrais	aurais	failli
tu	faillirais	faudrais	aurais	failli
il	faillirait	faudrait	aurait	failli
ns	faillirions	faudrions	aurions	failli
vs	failliriez	faudriez	auriez	failli
ils	failliraient	faudraient	auraient	failli

—— IMPÉRATIF ——

Présent		Passé	
faillis	faux	aie	failli
faillissons	faillons	ayons	failli
faillissez	faillez	ayez	failli

Remarque : La conjugaison de *faillir* la plus employée est celle qui a été refaite sur *finir*. Les formes conjuguées de ce verbe sont rares et la prononciation n'en a pas été indiquée.

47 défaillir

—INFINITIF—

	Présent	Passé
	défaillir [defajir]	avoir défailli [avwardefaji]

—PARTICIPE—

	Présent	Passé
	défaillant [defajɑ̃]	défailli [defaji]

—INDICATIF—

	Présent		Passé composé	
je	défaille [-faj]	ai	défailli
tu	défailles [-faj]	as	défailli
il	défaille [-faj]	a	défailli
ns	défaillons [-fajɔ̃]	avons	défailli
vs	défaillez [-faje]	avez	défailli
ils	défaillent [-faj]	ont	défailli

	Imparfait		Plus-que-parfait	
je	défaillais [-fajɛ]	avais	défailli
tu	défaillais [-fajɛ]	avais	défailli
il	défaillait [-fajɛ]	avait	défailli
ns	défaillions [-fajjɔ̃]	avions	défailli
vs	défailliez [-fajje]	aviez	défailli
ils	défaillaient [-fajɛ]	avaient	défailli

	Futur simple		Futur antérieur	
je	défaillirai [-fajire]	aurai	défailli
tu	défailliras [-fajira]	auras	défailli
il	défaillira [-fajira]	aura	défailli
ns	défaillirons [-fajirɔ̃]	aurons	défailli
vs	défaillirez [-fajire]	aurez	défailli
ils	défailliront [-fajirɔ̃]	auront	défailli

	Passé simple		Passé antérieur	
je	défaillis [-faji]	eus	défailli
tu	défaillis [-faji]	eus	défailli
il	défaillit [-faji]	eut	défailli
ns	défaillîmes [-fajim]	eûmes	défailli
vs	défaillîtes [-fajit]	eûtes	défailli
ils	défaillirent [-fajir]	eurent	défailli

—SUBJONCTIF—

	Présent		Passé	
q. je	défaille [-faj]	aie	défailli
tu	défailles [-faj]	aies	défailli
il	défaille [-faj]	ait	défailli
ns	défaillions [-fajjɔ̃]	ayons	défailli
vs	défailliez [-fajje]	ayez	défailli
ils	défaillent [-faj]	aient	défailli

	Imparfait		Plus-que-parfait	
q. je	défaillisse [-fajis]	eusse	défailli
tu	défaillisses [-fajis]	eusses	défailli
il	défaillît [-faji]	eût	défailli
ns	défaillissions [-fajisjɔ̃]	eussions	défailli
vs	défaillissiez [-fajisje]	eussiez	défailli
ils	défaillissent [-fajis]	eussent	défailli

—CONDITIONNEL—

	Présent		Passé	
je	défaillirais [-fajirɛ]	aurais	défailli
tu	défaillirais [-fajirɛ]	aurais	défailli
il	défaillirait [-fajirɛ]	aurait	défailli
ns	défaillirions [-fajirjɔ̃]	aurions	défailli
vs	défailliriez [-fajirje]	auriez	défailli
ils	défailliraient [-fajirɛ]	auraient	défailli

—IMPÉRATIF—

	Présent		Passé	
	défaille [-faj]	aie	défailli
	défaillons [-fajɔ̃]	ayons	défailli
	défaillez [-faje]	ayez	défailli

Remarque : On trouve aussi *je défaillerai* [defajre], *tu défailleras* [defajra], etc., pour le futur, et *je défaillerais* [defajrɛ], *tu défaillerais* [defajrɛ], etc., pour le conditionnel, de même pour *tressaillir* et *assaillir*.

48 bouillir

INFINITIF

Présent

bouillir
[bujir]

Passé

avoir bouilli
[avwarbuji]

PARTICIPE

Présent

bouillant
[bujã]

Passé

bouilli, e
[buji]

INDICATIF

Présent

je	bous	[bu]
tu	bous	[bu]
il	bout	[bu]
ns	bouillons	[bujõ]
vs	bouillez	[buje]
ils	bouillent	[buj]

Passé composé

ai	bouilli
as	bouilli
a	bouilli
avons	bouilli
avez	bouilli
ont	bouilli

Imparfait

je	bouillais	[bujɛ]
tu	bouillais	[bujɛ]
il	bouillait	[bujɛ]
ns	bouillions	[bujjõ]
vs	bouilliez	[bujje]
ils	bouillaient	[bujɛ]

Plus-que-parfait

avais	bouilli
avais	bouilli
avait	bouilli
avions	bouilli
aviez	bouilli
avaient	bouilli

Futur simple

je	bouillirai	[bujire]
tu	bouilliras	[bujira]
il	bouillira	[bujira]
ns	bouillirons	[bujirõ]
vs	bouillirez	[bujire]
ils	bouilliront	[bujirõ]

Futur antérieur

aurai	bouilli
auras	bouilli
aura	bouilli
aurons	bouilli
aurez	bouilli
auront	bouilli

Passé simple

je	bouillis	[buji]
tu	bouillis	[buji]
il	bouillit	[buji]
ns	bouillîmes	[bujim]
vs	bouillîtes	[bujit]
ils	bouillirent	[bujir]

Passé antérieur

eus	bouilli
eus	bouilli
eut	bouilli
eûmes	bouilli
eûtes	bouilli
eurent	bouilli

SUBJONCTIF

Présent

q. je	bouille	[buj]
tu	bouilles	[buj]
il	bouille	[buj]
ns	bouillions	[bujjõ]
vs	bouilliez	[bujje]
ils	bouillent	[buj]

Passé

aie	bouilli
aies	bouilli
ait	bouilli
ayons	bouilli
ayez	bouilli
aient	bouilli

Imparfait

q. je	bouillisse	[bujis]
tu	bouillisses	[bujis]
il	bouillît	[buji]
ns	bouillissions	[bujisjõ]
vs	bouillissiez	[bujisje]
ils	bouillissent	[bujis]

Plus-que-parfait

eusse	bouilli
eusses	bouilli
eût	bouilli
eussions	bouilli
eussiez	bouilli
eussent	bouilli

CONDITIONNEL

Présent

je	bouillirais	[bujirɛ]
tu	bouillirais	[bujirɛ]
il	bouillirait	[bujirɛ]
ns	bouillirions	[bujirjõ]
vs	bouilliriez	[bujirje]
ils	bouilliraient	[bujirɛ]

Passé

aurais	bouilli
aurais	bouilli
aurait	bouilli
aurions	bouilli
auriez	bouilli
auraient	bouilli

IMPÉRATIF

Présent

bous	[bu]
bouillons	[bujõ]
bouillez	[buje]

Passé

aie	bouilli
ayons	bouilli
ayez	bouilli

59

49 gésir

INFINITIF

Présent

gésir
[ʒezir]

Remarque : *Gésir* est défectif aux autres temps et modes

PARTICIPE

Présent

gisant
[ʒizɑ̃]

INDICATIF

	Présent			**Imparfait**	
je	gis	[ʒi]		gisais	[ʒizɛ]
tu	gis	[ʒi]		gisais	[ʒizɛ]
il	gît	[ʒi]		gisait	[ʒizɛ]
ns	gisons	[ʒizɔ̃]		gisions	[ʒizjɔ̃]
vs	gisez	[ʒize]		gisiez	[ʒizje]
ils	gisent	[ʒiz]		gisaient	[ʒizɛ]

50 saillir

INFINITIF

Présent	**Passé**
saillir	avoir sailli
[sajir]	[avwarsaji]

PARTICIPE

Présent	**Passé**
saillant	sailli, e
[sajɑ̃]	[saji]

INDICATIF

	Présent		**Passé composé**	
il	saille	[saj]	a	sailli
ils	saillent	[saj]	ont	sailli

	Imparfait		**Plus-que-parfait**	
il	saillait	[sajɛ]	avait	sailli
ils	saillaient	[sajɛ]	avaient	sailli

	Futur simple		**Futur antérieur**	
il	saillera	[sajra]	aura	sailli
ils	sailleront	[sajrɔ̃]	auront	sailli

	Passé simple		**Passé antérieur**	
il	saillit	[saji]	eut	sailli
ils	saillirent	[sajir]	eussent	sailli

SUBJONCTIF

	Présent		**Passé**	
q. il	saille	[saj]	ait	sailli
ils	saillent	[saj]	aient	sailli

	Imparfait		**Plus-que-parfait**	
q. il	saillît	[saji]	eût	sailli
ils	saillissent	[sajis]	eussent	sailli

CONDITIONNEL

	Présent		**Passé**	
il	saillerait	[sajrɛ]	aurait	sailli
ils	sailleraient	[sajrɛ]	auraient	sailli

IMPÉRATIF

Présent	**Passé**
(inusité)	*(inusité)*

Remarque : Le verbe *saillir* a ici le sens de « faire saillie » ; dans le sens de « jaillir » ou de « s'accoupler avec », *saillir* se conjugue sur le modèle de *finir* et n'est guère usité qu'à l'infinitif et à la troisième personne du sing. ou du plur.

51 ouïr

INFINITIF

Présent	Passé
ouïr	avoir ouï
[wir]	[avwarwi]

PARTICIPE

Présent	Passé
oyant	ouï, e
	[wi]

INDICATIF

Présent
j'	ouïs	ois
tu	ouïs	ois
il	ouït	oit
ns	ouïssons	oyons
vs	ouïssez	oyez
ils	ouïssent	oient

Passé composé
ai	ouï
as	ouï
a	ouï
avons	ouï
avez	ouï
ont	ouï

Imparfait
j'	ouïssais	oyais
tu	ouïssais	oyais
il	ouïssait	oyait
ns	ouïssions	oyions
vs	ouïssiez	oyiez
ils	ouïssaient	oyaient

Plus-que-parfait
avais	ouï
avais	ouï
avait	ouï
avions	ouï
aviez	ouï
avaient	ouï

Futur simple
j'	ouïrai	orrai
tu	ouïras	orras
il	ouïra	orra
ns	ouïrons	orrons
vs	ouïrez	orrez
ils	ouïront	orront

Futur antérieur
aurai	ouï
auras	ouï
aura	ouï
aurons	ouï
aurez	ouï
auront	ouï

Passé simple
j'	ouïs
tu	ouïs
il	ouït
ns	ouïmes
vs	ouïtes
ils	ouïrent

Passé antérieur
eus	ouï
eus	ouï
eut	ouï
eûmes	ouï
eûtes	ouï
eurent	ouï

SUBJONCTIF

Présent
q. j'	ouïsse	oie
tu	ouïsses	oies
il	ouïsse	oie
ns	ouïssions	oyions
vs	ouïssiez	oyiez
ils	ouïssent	oient

Passé
aie	ouï
aies	ouï
ait	ouï
ayons	ouï
ayez	ouï
aient	ouï

Imparfait
q. j'	ouïsse
tu	ouïsses
il	ouït
ns	ouïssions
vs	ouïssiez
ils	ouïssent

Plus-que-parfait
eusse	ouï
eusses	ouï
eût	ouï
eussions	ouï
eussiez	ouï
eussent	ouï

CONDITIONNEL

Présent
j'	ouïrais	orrais
tu	ouïrais	orrais
il	ouïrait	orrait
ns	ouïrions	orrions
vs	ouïriez	orriez
ils	ouïraient	orraient

Passé
aurais	ouï
aurais	ouï
aurait	ouï
aurions	ouï
auriez	ouï
auraient	ouï

IMPÉRATIF

Présent
ouïs	ois
ouïssons	oyons
ouïssez	oyez

Passé
aie	ouï
ayons	ouï
ayez	ouï

Remarque : Le verbe *ouïr* n'est plus guère usité qu'à l'infinitif et dans l'expression *ouï-dire* ; on l'emploie encore dans le langage juridique. Ses formes conjuguées sont rares et la prononciation n'en a pas été indiquée.

52 recevoir

INFINITIF

Présent	Passé
recevoir	avoir reçu
[rəsəvwar]	[avwarrəsy]

PARTICIPE

Présent	Passé
recevant	reçu, e
[rəsəvɑ̃]	[rəsy]

INDICATIF

Présent

			Passé composé	
je	reçois	[rəswa]	ai	reçu
tu	reçois	[rəswa]	as	reçu
il	reçoit	[rəswa]	a	reçu
ns	recevons	[rəsəvɔ̃]	avons	reçu
vs	recevez	[rəsəve]	avez	reçu
ils	reçoivent	[rəswav]	ont	reçu

Imparfait

			Plus-que-parfait	
je	recevais	[rəsəvɛ]	avais	reçu
tu	recevais	[rəsəvɛ]	avais	reçu
il	recevait	[rəsəvɛ]	avait	reçu
ns	recevions	[rəsəvjɔ̃]	avions	reçu
vs	receviez	[rəsəvje]	aviez	reçu
ils	recevaient	[rəsəvɛ]	avaient	reçu

Futur simple

			Futur antérieur	
je	recevrai	[rəsəvre]	aurai	reçu
tu	recevras	[rəsəvra]	auras	reçu
il	recevra	[rəsəvra]	aura	reçu
ns	recevrons	[rəsəvrɔ̃]	aurons	reçu
vs	recevrez	[rəsəvre]	aurez	reçu
ils	recevront	[rəsəvrɔ̃]	auront	reçu

Passé simple

			Passé antérieur	
je	reçus	[rəsy]	eus	reçu
tu	reçus	[rəsy]	eus	reçu
il	reçut	[rəsy]	eut	reçu
ns	reçûmes	[rəsym]	eûmes	reçu
vs	reçûtes	[rəsyt]	eûtes	reçu
ils	reçurent	[rəsyr]	eurent	reçu

SUBJONCTIF

Présent

				Passé	
q. je	reçoive	[rəswav]	aie	reçu
tu	reçoives	[rəswav]	aies	reçu
il	reçoive	[rəswav]	ait	reçu
ns	recevions	[rəsəvjɔ̃]	ayons	reçu
vs	receviez	[rəsəvje]	ayez	reçu
ils	reçoivent	[rəswav]	aient	reçu

Imparfait

				Plus-que-parfait	
q. je	reçusse	[rəsys]	eusse	reçu
tu	reçusses	[rəsys]	eusses	reçu
il	reçût	[rəsy]	eût	reçu
ns	reçussions	[rəsysjɔ̃]	eussions	reçu
vs	reçussiez	[rəsysje]	eussiez	reçu
ils	reçussent	[rəsys]	eussent	reçu

CONDITIONNEL

Présent

			Passé	
je	recevrais	[rəsəvrɛ]	aurais	reçu
tu	recevrais	[rəsəvrɛ]	aurais	reçu
il	recevrait	[rəsəvrɛ]	aurait	reçu
ns	recevrions	[rəsəvrijɔ̃]	aurions	reçu
vs	recevriez	[rəsəvrije]	auriez	reçu
ils	recevraient	[rəsəvrɛ]	auraient	reçu

IMPÉRATIF

Présent

		Passé	
reçois	[rəswa]	aie	reçu
recevons	[rəsəvɔ̃]	ayons	reçu
recevez	[rəsəve]	ayez	reçu

53 devoir

INFINITIF

	Présent	Passé
	devoir	avoir dû
	[dəvwar]	[avwardy]

PARTICIPE

	Présent	Passé
	devant	dû, due, dus, dues
	[dəvã]	[dy]

INDICATIF

	Présent		Passé composé	
je	dois	[dwa]	ai	dû
tu	dois	[dwa]	as	dû
il	doit	[dwa]	a	dû
ns	devons	[d(ə)võ]	avons	dû
vs	devez	[d(ə)ve]	avez	dû
ils	doivent	[dwav]	ont	dû

	Imparfait		Plus-que-parfait	
je	devais	[d(ə)vɛ]	avais	dû
tu	devais	[d(ə)vɛ]	avais	dû
il	devait	[dəvɛ]	avait	dû
ns	devions	[dəvjõ]	avions	dû
vs	deviez	[dəvje]	aviez	dû
ils	devaient	[dəvɛ]	avaient	dû

	Futur simple		Futur antérieur	
je	devrai	[dəvre]	aurai	dû
tu	devras	[dəvra]	auras	dû
il	devra	[dəvra]	aura	dû
ns	devrons	[dəvrõ]	aurons	dû
vs	devrez	[dəvre]	aurez	dû
ils	devront	[dəvrõ]	auront	dû

	Passé simple		Passé antérieur	
je	dus	[dy]	eus	dû
tu	dus	[dy]	eus	dû
il	dut	[dy]	eut	dû
ns	dûmes	[dym]	eûmes	dû
vs	dûtes	[dyt]	eûtes	dû
ils	durent	[dyr]	eurent	dû

SUBJONCTIF

	Présent		Passé	
q. je	doive	[dwav]	aie	dû
tu	doives	[dwav]	aies	dû
il	doive	[dwav]	ait	dû
ns	devions	[dəvjõ]	ayons	dû
vs	deviez	[dəvje]	ayez	dû
ils	doivent	[dwav]	aient	dû

	Imparfait		Plus-que-parfait	
q. je	dusse	[dys]	eusse	dû
tu	dusses	[dys]	eusses	dû
il	dût	[dy]	eût	dû
ns	dussions	[dysjõ]	eussions	dû
vs	dussiez	[dysje]	eussiez	dû
ils	dussent	[dys]	eussent	dû

CONDITIONNEL

	Présent		Passé	
je	devrais	[dəvrɛ]	aurais	dû
tu	devrais	[dəvrɛ]	aurais	dû
il	devrait	[dəvrɛ]	aurait	dû
ns	devrions	[dəvrijõ]	aurions	dû
vs	devriez	[dəvrije]	auriez	dû
ils	devraient	[dəvrɛ]	auraient	dû

IMPÉRATIF

	Présent		Passé	
	dois	[dwa]	aie	dû
	devons	[dəvõ]	ayons	dû
	devez	[dəve]	ayez	dû

54 mouvoir

__INFINITIF__

Présent	Passé
mouvoir	avoir mû
[muvwar]	[avwarmy]

__PARTICIPE__

Présent	Passé
mouvant	mû, mue, mus, mues
[muvɑ̃]	[my]

__INDICATIF__

Présent / Passé composé

	Présent		Passé composé	
je	meus	[mø]	ai	mû
tu	meus	[mø]	as	mû
il	meut	[mø]	a	mû
ns	mouvons	[muvɔ̃]	avons	mû
vs	mouvez	[muve]	avez	mû
ils	meuvent	[mœv]	ont	mû

Imparfait / Plus-que-parfait

	Imparfait		Plus-que-parfait	
je	mouvais	[muvɛ]	avais	mû
tu	mouvais	[muvɛ]	avais	mû
il	mouvait	[muvɛ]	avait	mû
ns	mouvions	[muvjɔ̃]	avions	mû
vs	mouviez	[muvje]	aviez	mû
ils	mouvaient	[muvɛ]	avaient	mû

Futur simple / Futur antérieur

	Futur simple		Futur antérieur	
je	mouvrai	[muvre]	aurai	mû
tu	mouvras	[muvra]	auras	mû
il	mouvra	[muvra]	aura	mû
ns	mouvrons	[muvrɔ̃]	aurons	mû
vs	mouvrez	[muvre]	aurez	mû
ils	mouvront	[muvrɔ̃]	auront	mû

Passé simple / Passé antérieur

	Passé simple		Passé antérieur	
je	mus	[my]	eus	mû
tu	mus	[my]	eus	mû
il	mut	[my]	eut	mû
ns	mûmes	[mym]	eûmes	mû
vs	mûtes	[myt]	eûtes	mû
ils	murent	[myr]	eurent	mû

__SUBJONCTIF__

Présent / Passé

	Présent		Passé	
q. je	meuve	[mœv]	aie	mû
tu	meuves	[mœv]	aies	mû
il	meuve	[mœv]	ait	mû
ns	mouvions	[muvjɔ̃]	ayons	mû
vs	mouviez	[muvje]	ayez	mû
ils	meuvent	[mœv]	aient	mû

Imparfait / Plus-que-parfait

	Imparfait		Plus-que-parfait	
q. je	musse	[mys]	eusse	mû
tu	musses	[mys]	eusses	mû
il	mût	[my]	eût	mû
ns	mussions	[mysjɔ̃]	eussions	mû
vs	mussiez	[mysje]	eussiez	mû
ils	mussent	[mys]	eussent	mû

__CONDITIONNEL__

Présent / Passé

	Présent		Passé	
je	mouvrais	[muvrɛ]	aurais	mû
tu	mouvrais	[muvrɛ]	aurais	mû
il	mouvrait	[muvrɛ]	aurait	mû
ns	mouvrions	[muvrijɔ̃]	aurions	mû
vs	mouvriez	[muvrije]	auriez	mû
ils	mouvraient	[muvrɛ]	auraient	mû

__IMPÉRATIF__

	Présent		Passé	
	meus	[mø]	aie	mû
	mouvons	[muvɔ̃]	ayons	mû
	mouvez	[muve]	ayez	mû

55 émouvoir

— INFINITIF —

Présent
émouvoir
[emuvwar]

Passé
avoir ému
[avwaremy]

— PARTICIPE —

Présent
émouvant
[emuvɑ̃]

Passé
ému, e
[emy]

— INDICATIF —

Présent		Passé composé	
j' émeus	[-mø]	ai	ému
tu émeus	[-mø]	as	ému
il émeut	[-mø]	a	ému
ns émouvons	[-muvɔ̃]	avons	ému
vs émouvez	[-muve]	avez	ému
ils émeuvent	[-mœv]	ont	ému

Imparfait		Plus-que-parfait	
j' émouvais	[-muvɛ]	avais	ému
tu émouvais	[-muvɛ]	avais	ému
il émouvait	[-muvɛ]	avait	ému
ns émouvions	[-muvjɔ̃]	avions	ému
vs émouviez	[-muvje]	aviez	ému
ils émouvaient	[-muvɛ]	avaient	ému

Futur simple		Futur antérieur	
j' émouvrai	[-muvre]	aurai	ému
tu émouvras	[-muvra]	auras	ému
il émouvra	[-muvra]	aura	ému
ns émouvrons	[-muvrɔ̃]	aurons	ému
vs émouvrez	[-muvre]	aurez	ému
ils émouvront	[-muvrɔ̃]	auront	ému

Passé simple		Passé antérieur	
j' émus	[-my]	eus	ému
tu émus	[-my]	eus	ému
il émut	[-my]	eut	ému
ns émûmes	[-mym]	eûmes	ému
vs émûtes	[-myt]	eûtes	ému
ils émurent	[-myr]	eurent	ému

— SUBJONCTIF —

Présent		Passé	
q. j' émeuve	[-mœv]	aie	ému
tu émeuves	[-mœv]	aies	ému
il émeuve	[-mœv]	ait	ému
ns émouvions	[-muvjɔ̃]	ayons	ému
vs émouviez	[-muvje]	ayez	ému
ils émeuvent	[-mœv]	aient	ému

Imparfait		Plus-que-parfait	
q. j' émusse	[-mys]	eusse	ému
tu émusses	[-mys]	eusses	ému
il émût	[-my]	eût	ému
ns émussions	[-mysjɔ̃]	eussions	ému
vs émussiez	[-mysje]	eussiez	ému
ils émussent	[-mys]	eussent	ému

— CONDITIONNEL —

Présent		Passé	
j' émouvrais	[-muvrɛ]	aurais	ému
tu émouvrais	[-muvrɛ]	aurais	ému
il émouvrait	[-muvrɛ]	aurait	ému
ns émouvrions	[-muvrijɔ̃]	aurions	ému
vs émouvriez	[-muvrije]	auriez	ému
ils émouvraient	[-muvrɛ]	auraient	ému

— IMPÉRATIF —

Présent		Passé	
émeus	[-mø]	aie	ému
émouvons	[-muvɔ̃]	ayons	ému
émouvez	[-muve]	ayez	ému

56 promouvoir

— INFINITIF —

Présent	Passé
promouvoir	avoir promu
[promuvwar]	[avwarpromy]

— PARTICIPE —

Présent	Passé
promouvant	promu, e
[promuvã]	[promy]

— INDICATIF —

	Présent		Passé composé
je	promeus	ai	promu
tu	promeus	as	promu
il	promeut	a	promu
ns	promouvons	avons	promu
vs	promouvez	avez	promu
ils	promeuvent	ont	promu

— SUBJONCTIF —

		Présent		Passé
q. je	promeuve	aie	promu
tu	promeuves	aies	promu
il	promeuve	ait	promu
ns	promouvions	ayons	promu
vs	promouviez	ayez	promu
ils	promeuvent	aient	promu

	Imparfait		Plus-que-parfait
je	promouvais	avais	promu
tu	promouvais	avais	promu
il	promouvait	avait	promu
ns	promouvions	avions	promu
vs	promouviez	aviez	promu
ils	promouvaient	avaient	promu

		Imparfait		Plus-que-parfait
q. je	promusse	eusse	promu
tu	promusses	eusses	promu
il	promût	eût	promu
ns	promussions	eussions	promu
vs	promussiez	eussiez	promu
ils	promussent	eussent	promu

	Futur simple		Futur antérieur
je	promouvrai	aurai	promu
tu	promouvras	auras	promu
il	promouvra	aura	promu
ns	promouvrons	aurons	promu
vs	promouvrez	aurez	promu
ils	promouvront	auront	promu

— CONDITIONNEL —

	Présent		Passé
je	promouvrais	aurais	promu
tu	promouvrais	aurais	promu
il	promouvrait	aurait	promu
ns	promouvrions	aurions	promu
vs	promouvriez	auriez	promu
ils	promouvraient	auraient	promu

	Passé simple		Passé antérieur
je	promus	eus	promu
tu	promus	eus	promu
il	promut	eut	promu
ns	promûmes	eûmes	promu
vs	promûtes	eûtes	promu
ils	promurent	eurent	promu

— IMPÉRATIF —

Présent		Passé
promeus	aie	promu
promouvons	ayons	promu
promouvez	ayez	promu

Remarque : Les formes conjuguées de ce verbe sont rares et la prononciation n'en a pas été indiquée.

57 vouloir

INFINITIF

Présent	Passé
vouloir	avoir voulu
[vulwar]	[avwarvuly]

PARTICIPE

Présent	Passé
voulant	voulu, e
[vulã]	[vuly]

INDICATIF

Présent		Passé composé	
je veux	[vø]	ai	voulu
tu veux	[vø]	as	voulu
il veut	[vø]	a	voulu
ns voulons	[vulɔ̃]	avons	voulu
vs voulez	[vule]	avez	voulu
ils veulent	[vœl]	ont	voulu

Imparfait		Plus-que-parfait	
je voulais	[vulɛ]	avais	voulu
tu voulais	[vulɛ]	avais	voulu
il voulait	[vulɛ]	avait	voulu
ns voulions	[vuljɔ̃]	avions	voulu
vs vouliez	[vulje]	aviez	voulu
ils voulaient	[vulɛ]	avaient	voulu

Futur simple		Futur antérieur	
je voudrai	[vudre]	aurai	voulu
tu voudras	[vudra]	auras	voulu
il voudra	[vudra]	aura	voulu
ns voudrons	[vudrɔ̃]	aurons	voulu
vs voudrez	[vudre]	aurez	voulu
ils voudront	[vudrɔ̃]	auront	voulu

Passé simple		Passé antérieur	
je voulus	[vuly]	eus	voulu
tu voulus	[vuly]	eus	voulu
il voulut	[vuly]	eut	voulu
ns voulûmes	[vulym]	eûmes	voulu
vs voulûtes	[vulyt]	eûtes	voulu
ils voulurent	[vulyr]	eurent	voulu

SUBJONCTIF

Présent		Passé	
q. je veuille	[vœj]	aie	voulu
tu veuilles	[vœj]	aies	voulu
il veuille	[vœj]	ait	voulu
ns voulions	[vuljɔ̃]	ayons	voulu
vs vouliez	[vulje]	ayez	voulu
ils veuillent	[vœj]	aient	voulu

Imparfait		Plus-que-parfait	
q. je voulusse	[vulys]	eusse	voulu
tu voulusses	[vulys]	eusses	voulu
il voulût	[vuly]	eût	voulu
ns voulussions	[vulysjɔ̃]	eussions	voulu
vs voulussiez	[vulysje]	eussiez	voulu
ils voulussent	[vulys]	eussent	voulu

CONDITIONNEL

Présent		Passé	
je voudrais	[vudrɛ]	aurais	voulu
tu voudrais	[vudrɛ]	aurais	voulu
il voudrait	[vudrɛ]	aurait	voulu
ns voudrions	[vudrijɔ̃]	aurions	voulu
vs voudriez	[vudrije]	auriez	voulu
ils voudraient	[vudrɛ]	auraient	voulu

IMPÉRATIF

Présent		Passé	
veux/veuille	[vø]/[vœj]	aie	voulu
voulons/veuillons	[vulɔ̃]/[vøjɔ̃]	ayons	voulu
voulez/veuillez	[vule]/[vøje]	ayez	voulu

58 pouvoir

— INFINITIF —

Présent	Passé
pouvoir	avoir pu
[puvwar]	[avwarpy]

— PARTICIPE —

Présent	Passé
pouvant	pu
[puvɑ̃]	[py]

— INDICATIF —

Présent		Passé composé	
je peux	[pø]	ai	pu
ou puis	[pɥi]		
tu peux	[pø]	as	pu
il peut	[pø]	a	pu
ns pouvons	[puvɔ̃]	avons	pu
vs pouvez	[puve]	avez	pu
ils peuvent	[pœv]	ont	pu

Imparfait		Plus-que-parfait	
je pouvais	[puvɛ]	avais	pu
tu pouvais	[puvɛ]	avais	pu
il pouvait	[puvɛ]	avait	pu
ns pouvions	[puvjɔ̃]	avions	pu
vs pouviez	[puvje]	aviez	pu
ils pouvaient	[puvɛ]	avaient	pu

Futur simple		Futur antérieur	
je pourrai	[pure]	aurai	pu
tu pourras	[pura]	auras	pu
il pourra	[pura]	aura	pu
ns pourrons	[purɔ̃]	aurons	pu
vs pourrez	[pure]	aurez	pu
ils pourront	[purɔ̃]	auront	pu

Passé simple		Passé antérieur	
je pus	[py]	eus	pu
tu pus	[py]	eus	pu
il put	[py]	eut	pu
ns pûmes	[pym]	eûmes	pu
vs pûtes	[pyt]	eûtes	pu
ils purent	[pyr]	eurent	pu

— SUBJONCTIF —

Présent		Passé	
q. je puisse	[pɥis]	aie	pu
tu puisses	[pɥis]	aies	pu
il puisse	[pɥis]	ait	pu
ns puissions	[pɥisjɔ̃]	ayons	pu
vs puissiez	[pɥisje]	ayez	pu
ils puissent	[pɥis]	aient	pu

Imparfait		Plus-que-parfait	
q. je pusse	[pys]	eusse	pu
tu pusses	[pys]	eusses	pu
il pût	[py]	eût	pu
ns pussions	[pysjɔ̃]	eussions	pu
vs pussiez	[pysje]	eussiez	pu
ils pussent	[pys]	eussent	pu

— CONDITIONNEL —

Présent		Passé	
je pourrais	[purɛ]	aurais	pu
tu pourrais	[purɛ]	aurais	pu
il pourrait	[purɛ]	aurait	pu
ns pourrions	[purjɔ̃]	aurions	pu
vs pourriez	[purje]	auriez	pu
ils pourraient	[purɛ]	auraient	pu

— IMPÉRATIF —

Présent	Passé
(inusité)	*(inusité)*
—	—
—	—

Remarque : À la forme interrogative, avec inversion du sujet, on a seulement *Puis-je ?*

59 savoir

INFINITIF

Présent	Passé
savoir	avoir su
[savwar]	[avwarsy]

PARTICIPE

Présent	Passé
sachant	su, e
[saʃɑ̃]	[sy]

INDICATIF

Présent		Passé composé	
je sais	[sɛ]	ai	su
tu sais	[sɛ]	as	su
il sait	[sɛ]	a	su
ns savons	[savɔ̃]	avons	su
vs savez	[save]	avez	su
ils savent	[sav]	ont	su

Imparfait		Plus-que-parfait	
je savais	[savɛ]	avais	su
tu savais	[savɛ]	avais	su
il savait	[savɛ]	avait	su
ns savions	[savjɔ̃]	avions	su
vs saviez	[savje]	aviez	su
ils savaient	[savɛ]	avaient	su

Futur simple		Futur antérieur	
je saurai	[sɔre]	aurai	su
tu sauras	[sɔra]	auras	su
il saura	[sɔra]	aura	su
ns saurons	[sɔrɔ̃]	aurons	su
vs saurez	[sɔre]	aurez	su
ils sauront	[sɔrɔ̃]	auront	su

Passé simple		Passé antérieur	
je sus	[sy]	eus	su
tu sus	[sy]	eus	su
il sut	[sy]	eut	su
ns sûmes	[sym]	eûmes	su
vs sûtes	[syt]	eûtes	su
ils surent	[syr]	eurent	su

SUBJONCTIF

Présent		Passé	
q. je sache	[saʃ]	aie	su
tu saches	[saʃ]	aies	su
il sache	[saʃ]	ait	su
ns sachions	[saʃjɔ̃]	ayons	su
vs sachiez	[saʃje]	ayez	su
ils sachent	[saʃ]	aient	su

Imparfait		Plus-que-parfait	
q. je susse	[sys]	eusse	su
tu susses	[sys]	eusses	su
il sût	[sy]	eût	su
ns sussions	[sysjɔ̃]	eussions	su
vs sussiez	[sysje]	eussiez	su
ils sussent	[sys]	eussent	su

CONDITIONNEL

Présent		Passé	
je saurais	[sɔrɛ]	aurais	su
tu saurais	[sɔrɛ]	aurais	su
il saurait	[sɔrɛ]	aurait	su
ns saurions	[sɔrjɔ̃]	aurions	su
vs sauriez	[sɔrje]	auriez	su
ils sauraient	[sɔrɛ]	auraient	su

IMPÉRATIF

Présent		Passé	
sache	[saʃ]	aie	su
sachons	[saʃɔ̃]	ayons	su
sachez	[saʃe]	ayez	su

60 valoir

Présent	Passé
valoir	avoir valu
[valwar]	[avwarvaly]

Présent	Passé
valant	valu, e
[val]	[valy]

INDICATIF

Présent		Passé composé	
je	vaux [vo]	ai	valu
tu	vaux [vo]	as	valu
il	vaut [vo]	a	valu
ns	valons [valɔ̃]	avons	valu
vs	valez [vale]	avez	valu
ils	valent [val]	ont	valu

SUBJONCTIF

Présent		Passé	
q. je	vaille [vaj]	aie	valu
tu	vailles [vaj]	aies	valu
il	vaille [vaj]	ait	valu
ns	valions [valjɔ̃]	ayons	valu
vs	valiez [valje]	ayez	valu
ils	vaillent [vaj]	aient	valu

Imparfait		Plus-que-parfait	
je	valais [valɛ]	avais	valu
tu	valais [valɛ]	avais	valu
il	valait [valɛ]	avait	valu
ns	valions [valjɔ̃]	avions	valu
vs	valiez [valje]	aviez	valu
ils	valaient [valɛ]	avaient	valu

Imparfait		Plus-que-parfait	
q. je	valusse [valys]	eusse	valu
tu	valusses [valys]	eusses	valu
il	valût [valy]	eût	valu
ns	valussions [valysjɔ̃]	eussions	valu
vs	valussiez [valysje]	eussiez	valu
ils	valussent [valys]	eussent	valu

CONDITIONNEL

Futur simple		Futur antérieur	
je	vaudrai [vodre]	aurai	valu
tu	vaudras [vodra]	auras	valu
il	vaudra [vodra]	aura	valu
ns	vaudrons [vodrɔ̃]	aurons	valu
vs	vaudrez [vodre]	aurez	valu
ils	vaudront [vodrɔ̃]	auront	valu

Présent		Passé	
je	vaudrais [vodrɛ]	aurais	valu
tu	vaudrais [vodrɛ]	aurais	valu
il	vaudrait [vodrɛ]	aurait	valu
ns	vaudrions [vodrijɔ̃]	aurions	valu
vs	vaudriez [vodrije]	auriez	valu
ils	vaudraient [vodrɛ]	auraient	valu

IMPÉRATIF

Passé simple		Passé antérieur	
je	valus [valy]	eus	valu
tu	valus [valy]	eus	valu
il	valut [valy]	eut	valu
ns	valûmes [valym]	eûmes	valu
vs	valûtes [valyt]	eûtes	valu
ils	valurent [valyr]	eurent	valu

Présent		Passé	
vaux	[vo]	aie	valu
valons	[valɔ̃]	ayons	valu
valez	[vale]	ayez	valu

61 prévaloir

INFINITIF

Présent	Passé
prévaloir	avoir prévalu
[prevalwar]	[avwarprevaly]

PARTICIPE

Présent	Passé
prévalant	prévalu, e
[prevalɑ̃]	[prevaly]

INDICATIF

Présent

			Passé composé	
je	prévaux	[-vo]	ai	prévalu
tu	prévaux	[-vo]	as	prévalu
il	prévaut	[-vo]	a	prévalu
ns	prévalons	[-valɔ̃]	avons	prévalu
vs	prévalez	[-vale]	avez	prévalu
ils	prévalent	[-val]	ont	prévalu

Imparfait

			Plus-que-parfait	
je	prévalais	[-valɛ]	avais	prévalu
tu	prévalais	[-valɛ]	avais	prévalu
il	prévalait	[-valɛ]	avait	prévalu
ns	prévalions	[-valjɔ̃]	avions	prévalu
vs	prévaliez	[-valje]	aviez	prévalu
ils	prévalaient	[-valɛ]	avaient	prévalu

Futur simple

			Futur antérieur	
je	prévaudrai	[-vodre]	aurai	prévalu
tu	prévaudras	[-vodra]	auras	prévalu
il	prévaudra	[-vodra]	aura	prévalu
ns	prévaudrons	[-vodrɔ̃]	aurons	prévalu
vs	prévaudrez	[-vodre]	aurez	prévalu
ils	prévaudront	[-vodrɔ̃]	auront	prévalu

Passé simple

			Passé antérieur	
je	prévalus	[-valy]	eus	prévalu
tu	prévalus	[-valy]	eus	prévalu
il	prévalut	[-valy]	eut	prévalu
ns	prévalûmes	[-valym]	eûmes	prévalu
vs	prévalûtes	[-valyt]	eûtes	prévalu
ils	prévalurent	[-valyr]	eurent	prévalu

SUBJONCTIF

Présent

				Passé	
q. je	prévale	[-val]		aie	prévalu
tu	prévales	[-val]		aies	prévalu
il	prévale	[-val]		ait	prévalu
ns	prévalions	[-valjɔ̃]		ayons	prévalu
vs	prévaliez	[-valje]		ayez	prévalu
ils	prévalent	[-val]		aient	prévalu

Imparfait

			Plus-que-parfait	
q. je	prévalusse	[-valys]	eusse	prévalu
tu	prévalusses	[-valys]	eusses	prévalu
il	prévalût	[-valy]	eût	prévalu
ns	prévalussions	[-valysjɔ̃]	eussions	prévalu
vs	prévalussiez	[-valysje]	eussiez	prévalu
ils	prévalussent	[-valys]	eussent	prévalu

CONDITIONNEL

Présent

			Passé	
je	prévaudrais	[-vodrɛ]	aurais	prévalu
tu	prévaudrais	[-vodrɛ]	aurais	prévalu
il	prévaudrait	[-vodrɛ]	aurait	prévalu
ns	prévaudrions	[-vodrijɔ̃]	aurions	prévalu
vs	prévaudriez	[-vodrije]	auriez	prévalu
ils	prévaudraient	[-vodrɛ]	auraient	prévalu

IMPÉRATIF

Présent

		Passé	
prévaux	[-vo]	aie	prévalu
prévalons	[-valɔ̃]	ayons	prévalu
prévalez	[-vale]	ayez	prévalu

62 voir

— INFINITIF

Présent	Passé
voir	avoir vu
[vwar]	[avwarvy]

— PARTICIPE

Présent	Passé
voyant	vu, e
[vwajɑ̃]	[vy]

— INDICATIF

Présent		Passé composé	
je vois	[vwa]	ai	vu
tu vois	[vwa]	as	vu
il voit	[vwa]	a	vu
ns voyons	[vwajɔ̃]	avons	vu
vs voyez	[vwaje]	avez	vu
ils voient	[vwa]	ont	vu

Imparfait		Plus-que-parfait	
je voyais	[vwajɛ]	avais	vu
tu voyais	[vwajɛ]	avais	vu
il voyait	[vwajɛ]	avait	vu
ns voyions	[vwajjɔ̃]	avions	vu
vs voyiez	[vwajje]	aviez	vu
ils voyaient	[vwajɛ]	avaient	vu

Futur simple		Futur antérieur	
je verrai	[vere]	aurai	vu
tu verras	[vera]	auras	vu
il verra	[vera]	aura	vu
ns verrons	[verɔ̃]	aurons	vu
vs verrez	[vere]	aurez	vu
ils verront	[verɔ̃]	auront	vu

Passé simple		Passé antérieur	
je vis	[vi]	eus	vu
tu vis	[vi]	eus	vu
il vit	[vi]	eut	vu
ns vîmes	[vim]	eûmes	vu
vs vîtes	[vit]	eûtes	vu
ils virent	[vir]	eurent	vu

— SUBJONCTIF

Présent		Passé	
q. je voie	[vwa]	aie	vu
tu voies	[vwa]	aies	vu
il voie	[vwa]	ait	vu
ns voyions	[vwajjɔ̃]	ayons	vu
vs voyiez	[vwajje]	ayez	vu
ils voient	[vwa]	aient	vu

Imparfait		Plus-que-parfait	
q. je visse	[vis]	eusse	vu
tu visses	[vis]	eusses	vu
il vît	[vi]	eût	vu
ns vissions	[visjɔ̃]	eussions	vu
vs vissiez	[visje]	eussiez	vu
ils vissent	[vis]	eussent	vu

— CONDITIONNEL

Présent		Passé	
je verrais	[verɛ]	aurais	vu
tu verrais	[verɛ]	aurais	vu
il verrait	[verɛ]	aurait	vu
ns verrions	[verjɔ̃]	aurions	vu
vs verriez	[verje]	auriez	vu
ils verraient	[verɛ]	auraient	vu

— IMPÉRATIF

Présent		Passé	
vois	[vwa]	aie	vu
voyons	[vwajɔ̃]	ayons	vu
voyez	[vwaje]	ayez	vu

63 prévoir

INFINITIF

Présent	Passé
prévoir	avoir prévu
[prevwar]	[avwarprevy]

PARTICIPE

Présent	Passé
prévoyant	prévu, e
[prevwajɑ̃]	[prevy]

INDICATIF

Présent / Passé composé

	Présent			Passé composé
je	prévois	[-vwa]	ai	prévu
tu	prévois	[-vwa]	as	prévu
il	prévoit	[-vwa]	a	prévu
ns	prévoyons	[-vwajɔ̃]	avons	prévu
vs	prévoyez	[-vwaje]	avez	prévu
ils	prévoient	[-vwa]	ont	prévu

Imparfait / Plus-que-parfait

	Imparfait			Plus-que-parfait
je	prévoyais	[-vwajɛ]	avais	prévu
tu	prévoyais	[-vwajɛ]	avais	prévu
il	prévoyait	[-vwajɛ]	avait	prévu
ns	prévoyions	[-vwajjɔ̃]	avions	prévu
vs	prévoyiez	[-vwajje]	aviez	prévu
ils	prévoyaient	[-vwajɛ]	avaient	prévu

Futur simple / Futur antérieur

	Futur simple			Futur antérieur
je	prévoirai	[-vware]	aurai	prévu
tu	prévoiras	[-vwara]	auras	prévu
il	prévoira	[-vwara]	aura	prévu
ns	prévoirons	[-vwarɔ̃]	aurons	prévu
vs	prévoirez	[-vware]	aurez	prévu
ils	prévoiront	[-vwarɔ̃]	auront	prévu

Passé simple / Passé antérieur

	Passé simple			Passé antérieur
je	prévis	[-vi]	eus	prévu
tu	prévis	[-vi]	eus	prévu
il	prévit	[-vi]	eut	prévu
ns	prévîmes	[-vim]	eûmes	prévu
vs	prévîtes	[-vit]	eûtes	prévu
ils	prévirent	[-vir]	eurent	prévu

SUBJONCTIF

Présent / Passé

		Présent			Passé
q. je	prévoie	[-vwa]	aie	prévu
tu	prévoies	[-vwa]	aies	prévu
il	prévoie	[-vwa]	ait	prévu
ns	prévoyions	[-vwajjɔ̃]	ayons	prévu
vs	prévoyiez	[-vwajje]	ayez	prévu
ils	prévoient	[-vwa]	aient	prévu

Imparfait / Plus-que-parfait

		Imparfait			Plus-que-parfait
q. je	prévisse	[-vis]	eusse	prévu
tu	prévisses	[-vis]	eusses	prévu
il	prévît	[-vi]	eût	prévu
ns	prévissions	[-visjɔ̃]	eussions	prévu
vs	prévissiez	[-visje]	eussiez	prévu
ils	prévissent	[-vis]	eussent	prévu

CONDITIONNEL

Présent / Passé

	Présent			Passé
je	prévoirais	[-vwarɛ]	aurais	prévu
tu	prévoirais	[-vwarɛ]	aurais	prévu
il	prévoirait	[-vwarɛ]	aurait	prévu
ns	prévoirions	[-vwarjɔ̃]	aurions	prévu
vs	prévoiriez	[-vwarje]	auriez	prévu
ils	prévoiraient	[-vwarɛ]	auraient	prévu

IMPÉRATIF

Présent / Passé

Présent		Passé	
prévois	[-vwa]	aie	prévu
prévoyons	[-vwajɔ̃]	ayons	prévu
prévoyez	[-vwaje]	ayez	prévu

64 pourvoir

INFINITIF

Présent	Passé
pourvoir	avoir pourvu
[purvwar]	[avwarpurvy]

INDICATIF

Présent

			Passé composé	
je	pourvois	[-vwa]	ai	pourvu
tu	pourvois	[-vwa]	as	pourvu
il	pourvoit	[-vwa]	a	pourvu
ns	pourvoyons	[-vwajɔ̃]	avons	pourvu
vs	pourvoyez	[-vwaje]	avez	pourvu
ils	pourvoient	[-vwa]	ont	pourvu

Imparfait

			Plus-que-parfait	
je	pourvoyais	[-vwajɛ]	avais	pourvu
tu	pourvoyais	[-vwajɛ]	avais	pourvu
il	pourvoyait	[-vwajɛ]	avait	pourvu
ns	pourvoyions	[-vwajjɔ̃]	avions	pourvu
vs	pourvoyiez	[-vwajje]	aviez	pourvu
ils	pourvoyaient	[-vwajɛ]	avaient	pourvu

Futur simple

			Futur antérieur	
je	pourvoirai	[-vware]	aurai	pourvu
tu	pourvoiras	[-vwara]	auras	pourvu
il	pourvoira	[-vwara]	aura	pourvu
ns	pourvoirons	[-vwarɔ̃]	aurons	pourvu
vs	pourvoirez	[-vware]	aurez	pourvu
ils	pourvoiront	[-vwarɔ̃]	auront	pourvu

Passé simple

			Passé antérieur	
je	pourvus	[-vy]	eus	pourvu
tu	pourvus	[-vy]	eus	pourvu
il	pourvut	[-vy]	eut	pourvu
ns	pourvûmes	[-vym]	eûmes	pourvu
vs	pourvûtes	[-vyt]	eûtes	pourvu
ils	pourvurent	[-vyr]	eurent	pourvu

PARTICIPE

Présent	Passé
pourvoyant	pourvu, e
[purvwajɑ̃]	[purvy]

SUBJONCTIF

Présent

				Passé	
q. je	pourvoie	[-vwa]		aie	pourvu
tu	pourvoies	[-vwa]		aies	pourvu
il	pourvoie	[-vwa]		ait	pourvu
ns	pourvoyions	[-vwajjɔ̃]		ayons	pourvu
vs	pourvoyiez	[-vwajje]		ayez	pourvu
ils	pourvoient	[-vwa]		aient	pourvu

Imparfait

				Plus-que-parfait	
q. je	pourvusse	[-vys]		eusse	pourvu
tu	pourvusses	[-vys]		eusses	pourvu
il	pourvût	[-vy]		eût	pourvu
ns	pourvussions	[-vysjɔ̃]		eussions	pourvu
vs	pourvussiez	[-vysje]		eussiez	pourvu
ils	pourvussent	[-vys]		eussent	pourvu

CONDITIONNEL

Présent

			Passé	
je	pourvoirais	[-vwarɛ]	aurais	pourvu
tu	pourvoirais	[-vwarɛ]	aurais	pourvu
il	pourvoirait	[-vwarɛ]	aurait	pourvu
ns	pourvoirions	[-vwarjɔ̃]	aurions	pourvu
vs	pourvoiriez	[-vwarje]	auriez	pourvu
ils	pourvoiraient	[-vwarɛ]	auraient	pourvu

IMPÉRATIF

Présent			Passé	
pourvois	[-vwa]		aie	pourvu
pourvoyons	[-vwajɔ̃]		ayons	pourvu
pourvoyez	[-vwaje]		ayez	pourvu

65 asseoir (1)

INFINITIF

	Présent		Passé
	asseoir		avoir assis
	[aswar]		[avwarasi]

PARTICIPE

	Présent		Passé
	asseyant		assis, e
	[asejɑ̃]		[asi, asiz]

INDICATIF

Présent

j'	assieds	[-je]	
tu	assieds	[-je]	
il	assied	[-je]	
ns	asseyons	[-ejɔ̃]	
vs	asseyez	[-eje]	
ils	asseyent	[-ɛj]	

Passé composé

ai	assis
as	assis
a	assis
avons	assis
avez	assis
ont	assis

Imparfait

j'	asseyais	[-ɛjɛ]
tu	asseyais	[-ɛjɛ]
il	asseyait	[-ɛjɛ]
ns	asseyions	[-ejjɔ̃]
vs	asseyiez	[-ejje]
ils	asseyaient	[-ɛjɛ]

Plus-que-parfait

avais	assis
avais	assis
avait	assis
avions	assis
aviez	assis
avaient	assis

Futur simple

j'	assiérai	[-jere]
tu	assiéras	[-jera]
il	assiéra	[-jera]
ns	assiérons	[-jerɔ̃]
vs	assiérez	[-jere]
ils	assiéront	[-jerɔ̃]

Futur antérieur

aurai	assis
auras	assis
aura	assis
aurons	assis
aurez	assis
auront	assis

Passé simple

j'	assis	[-si]
tu	assis	[-si]
il	assit	[-si]
ns	assîmes	[-sim]
vs	assîtes	[-sit]
ils	assirent	[-sir]

Passé antérieur

eus	assis
eus	assis
eut	assis
eûmes	assis
eûtes	assis
eurent	assis

SUBJONCTIF

Présent

q. j'	asseye	[-ɛj]	
tu	asseyes	[-ɛj]	
il	asseye	[-ɛj]	
ns	asseyions	[-ejjɔ̃]	
vs	asseyiez	[-ejje]	
ils	asseyent	[-ɛj]	

Passé

aie	assis
aies	assis
ait	assis
ayons	assis
ayez	assis
aient	assis

Imparfait

q. j'	assisse	[-is]
tu	assisses	[-is]
il	assît	[-i]
ns	assissions	[-isjɔ̃]
vs	assissiez	[-isje]
ils	assissent	[-is]

Plus-que-parfait

eusse	assis
eusses	assis
eût	assis
eussions	assis
eussiez	assis
eussent	assis

CONDITIONNEL

Présent

j'	assiérais	[-jerɛ]
tu	assiérais	[-jerɛ]
il	assiérait	[-jerɛ]
ns	assiérions	[-jerjɔ̃]
vs	assiériez	[-jerje]
ils	assiéraient	[-jerɛ]

Passé

aurais	assis
aurais	assis
aurait	assis
aurions	assis
auriez	assis
auraient	assis

IMPÉRATIF

Présent

assieds	[-sje]
asseyons	[-sejɔ̃]
asseyez	[-seje]

Passé

aie	assis
ayons	assis
ayez	assis

65 asseoir (2)

── INFINITIF

	Présent	Passé
	asseoir	avoir assis
	[aswar]	[avwarasi]

── PARTICIPE

	Présent	Passé
	assoyant	assis, e
	[aswajɑ̃]	[asi, asiz]

── INDICATIF

	Présent			Passé composé	
j'	assois	[-wa]		ai	assis
tu	assois	[-wa]		as	assis
il	assoit	[-wa]		a	assis
ns	assoyons	[-wajɔ̃]		avons	assis
vs	assoyez	[-waje]		avez	assis
ils	assoient	[-wa]		ont	assis

	Imparfait			Plus-que-parfait	
j'	assoyais	[-wajɛ]		avais	assis
tu	assoyais	[-wajɛ]		avais	assis
il	assoyait	[-wajɛ]		avait	assis
ns	assoyions	[-wajjɔ̃]		avions	assis
vs	assoyiez	[-wajje]		aviez	assis
ils	assoyaient	[-wajɛ]		avaient	assis

	Futur simple			Futur antérieur	
j'	assoirai	[-ware]		aurai	assis
tu	assoiras	[-wara]		auras	assis
il	assoira	[-wara]		aura	assis
ns	assoirons	[-warɔ̃]		aurons	assis
vs	assoirez	[-ware]		aurez	assis
ils	assoiront	[-warɔ̃]		auront	assis

	Passé simple			Passé antérieur	
j'	assis	[-i]		eus	assis
tu	assis	[-i]		eus	assis
il	assit	[-i]		eut	assis
ns	assîmes	[-im]		eûmes	assis
vs	assîtes	[-it]		eûtes	assis
ils	assirent	[-ir]		eurent	assis

── SUBJONCTIF

		Présent			Passé	
q.	j'	assoie	[-wa]		aie	assis
	tu	assoies	[-wa]		aies	assis
	il	assoie	[-wa]		ait	assis
	ns	assoyions	[-wajjɔ̃]		ayons	assis
	vs	assoyiez	[-wajje]		ayez	assis
	ils	assoient	[-wa]		aient	assis

		Imparfait			Plus-que-parfait	
q.	j'	assisse	[-is]		eusse	assis
	tu	assisses	[-is]		eusses	assis
	il	assît	[-i]		eût	assis
	ns	assissions	[-isjɔ̃]		eussions	assis
	vs	assissiez	[-isje]		eussiez	assis
	ils	assissent	[-is]		eussent	assis

── CONDITIONNEL

	Présent			Passé	
j'	assoirais	[-warɛ]		aurais	assis
tu	assoirais	[-warɛ]		aurais	assis
il	assoirait	[-warɛ]		aurait	assis
ns	assoirions	[-warjɔ̃]		aurions	assis
vs	assoiriez	[-warje]		auriez	assis
ils	assoiraient	[-warɛ]		auraient	assis

── IMPÉRATIF

Présent			Passé	
assois	[-wa]		aie	assis
assoyons	[-wajɔ̃]		ayons	assis
assoyez	[-waje]		ayez	assis

Remarque : L'usage tend à écrire avec -eoi- les formes avec -oi- : je m'asseois, il asseoira, que asseoies, ils asseoiraient.

66 surseoir

INFINITIF

Présent	Passé
surseoir	avoir sursis
[syrswar]	[avwarsyrsi]

PARTICIPE

Présent	Passé
sursoyant	sursis, e
[syrswajã]	[syrsi, -siz]

INDICATIF

	Présent		Passé composé	
je	sursois	[-wa]	ai	sursis
tu	sursois	[-wa]	as	sursis
il	sursoit	[-wa]	a	sursis
ns	sursoyons	[-wajõ]	avons	sursis
vs	sursoyez	[-waje]	avez	sursis
ils	sursoient	[-wa]	ont *	sursis

	Imparfait		Plus-que-parfait	
je	sursoyais	[-wajɛ]	avais	sursis
tu	sursoyais	[-wajɛ]	avais	sursis
il	sursoyait	[-wajɛ]	avait	sursis
ns	sursoyions	[-wajjõ]	avions	sursis
vs	sursoyiez	[-wajje]	aviez	sursis
ils	sursoyaient	[-wajɛ]	avaient	sursis

	Futur simple		Futur antérieur	
je	surseoirai	[-ware]	aurai	sursis
tu	surseoiras	[-wara]	auras	sursis
il	surseoira	[-wara]	aura	sursis
ns	surseoirons	[-warõ]	aurons	sursis
vs	surseoirez	[-ware]	aurez	sursis
ils	surseoiront	[-warõ]	auront	sursis

	Passé simple		Passé antérieur	
je	sursis	[-i]	eus	sursis
tu	sursis	[-i]	eus	sursis
il	sursit	[-i]	eut	sursis
ns	sursîmes	[-im]	eûmes	sursis
vs	sursîtes	[-it]	eûtes	sursis
ils	sursirent	[-ir]	eurent	sursis

SUBJONCTIF

	Présent		Passé	
q. je	sursoie	[-wa]	aie	sursis
tu	sursoies	[-wa]	aies	sursis
il	sursoie	[-wa]	ait	sursis
ns	sursoyions	[-wajjõ]	ayons	sursis
vs	sursoyiez	[-wajje]	ayez	sursis
ils	sursoient	[-wa]	aient	sursis

	Imparfait		Plus-que-parfait	
q. je	sursisse	[-is]	eusse	sursis
tu	sursisses	[-is]	eusses	sursis
il	sursît	[-i]	eût	sursis
ns	sursissions	[-isjõ]	eussions	sursis
vs	sursissiez	[-isje]	eussiez	sursis
ils	sursissent	[-is]	eussent	sursis

CONDITIONNEL

	Présent		Passé	
je	surseoirais	[-warɛ]	aurais	sursis
tu	surseoirais	[-warɛ]	aurais	sursis
il	surseoirait	[-warɛ]	aurait	sursis
ns	surseoirions	[-warjõ]	aurions	sursis
vs	surseoiriez	[-warje]	auriez	sursis
ils	surseoiraient	[-warɛ]	auraient	sursis

IMPÉRATIF

Présent		Passé	
sursois	[-wa]	aie	sursis
sursoyons	[-wajõ]	ayons	sursis
sursoyez	[-waje]	ayez	sursis

67 seoir

INFINITIF

Présent	Passé
seoir	*(inusité)*
[swar]	

PARTICIPE

Présent	Passé
seyant	*(inusité)*
[sejɑ̃]	

INDICATIF

Présent		Passé composé
il	sied [sje]	*(inusité)*
ils	siéent [sje]	—

Imparfait		Plus-que-parfait
il	seyait [sejɛ]	*(inusité)*
ils	seyaient [sejɛ]	—

Futur simple		Futur antérieur
il	siéra [sjera]	*(inusité)*
ils	siéront [sjerɔ̃]	—

Passé simple	Passé antérieur
(inusité)	*(inusité)*

SUBJONCTIF

Présent		Passé
q. il	siée [sje]	*(inusité)*
ils	siéent [sje]	—

Imparfait	Plus-que-parfait
(inusité)	*(inusité)*
—	—

CONDITIONNEL

Présent		Passé
il	siérait [sjerɛ]	*(inusité)*
ils	siéraient [sjerɛ]	—

IMPÉRATIF

Présent	Passé
(inusité)	*(inusité)*

Remarque : *Seoir* a ici le sens de « convenir ». Aux sens de « être situé », « siéger », *seoir* a seulement un participe présent *(séant)* et un participe passé *(sis, e).*

68 pleuvoir

INFINITIF

Présent	Passé
pleuvoir	avoir plu
[pløvwar]	[avwarply]

PARTICIPE

Présent	Passé
pleuvant	plu
[pløvɑ̃]	[ply]

INDICATIF

Présent		Passé composé	
il	pleut [plø]	a	plu

Imparfait		Plus-que-parfait
il	pleuvait [pløvɛ]	avait plu

Futur simple		Futur antérieur
il	pleuvra [pløvra]	aura plu

Passé simple		Passé antérieur	
il	plut [ply]	eut	plu

SUBJONCTIF

Présent		Passé	
q. il	pleuve [plœv]	ait	plu

Imparfait		Plus-que-parfait	
q. il	plût [ply]	eût	plu

CONDITIONNEL

Présent		Passé
il	pleuvrait [pløvrɛ]	aurait plu

IMPÉRATIF

Présent	Passé
(inusité)	*(inusité)*

Remarque : *Pleuvoir* connaît au figuré une troisième personne du pluriel : *Les injures pleuvent, pleuvaient, pleuvront, plurent, pleuvraient,* etc.

69 falloir

INFINITIF

Présent
falloir
[falwar]

Passé
(inusité)

INDICATIF

Présent
il faut [fo]

Passé composé
a fallu

Imparfait
il fallait [falɛ]

Plus-que-parfait
avait fallu

Futur simple
il faudra [fodra]

Futur antérieur
aura fallu

Passé simple
il fallut [faly]

Passé antérieur
eut fallu

PARTICIPE

Présent
(inusité)

Passé
fallu
[faly]

SUBJONCTIF

Présent
q. il faille [faj]

Passé
ait fallu

Imparfait
q. il fallût [faly]

Plus-que-parfait
eût fallu

CONDITIONNEL

Présent
il faudrait [fodrɛ]

Passé
aurait fallu

IMPÉRATIF

Présent
(inusité)

Passé
(inusité)

70 échoir

INFINITIF

Présent
échoir
[eʃwar]

Passé
être échu
[ɛtreʃy]

INDICATIF

Présent
il échoit [eʃwa]
ils échoient [eʃwa]

Passé composé
est échu
sont échus

Imparfait
il échoyait [eʃwajɛ]
ils échoyaient [eʃwajɛ]

Plus-que-parfait
était échu
étaient échus

Futur simple
il échoira [eʃwara]
  écherra [eʃera]
ils échoiront [eʃwarɔ̃]
  écherront [eʃerɔ̃]

Futur antérieur
sera échu

seront échus

Passé simple
il échut [eʃy]
ils échurent [eʃyr]

Passé antérieur
fut échu
furent échus

PARTICIPE

Présent
échéant
[eʃeã]

Passé
échu, e
[eʃy]

SUBJONCTIF

Présent
q. il échoie [eʃwa]
ils échoient [eʃwa]

Passé
soit échu
soient échus

Imparfait
q. il échût [eʃy]
ils échussent [eʃys]

Plus-que-parfait
fût échu
fussent échus

CONDITIONNEL

Présent
il échoirait [eʃwarɛ]
  écherrait [eʃerɛ]
ils échoiraient [eʃwarɛ]
  écherraient [eʃerɛ]

Passé
serait échu

seraient échus

IMPÉRATIF

Présent
(inusité)
—

Passé
(inusité)
—

71 déchoir

INFINITIF

Présent	Passé
déchoir	avoir déchu
[deʃwar]	[avwardeʃy]

PARTICIPE

Présent	Passé
(inusité)	déchu, e
	[deʃy]

INDICATIF

Présent		Passé composé	
je déchois	[-ʃwa]	ai	déchu
tu déchois	[-ʃwa]	as	déchu
il déchoit	[-ʃwa]	a	déchu
ns déchoyons	[-ʃwajɔ̃]	avons	déchu
vs déchoyez	[-ʃwaje]	avez	déchu
ils déchoient	[-ʃwa]	ont	déchu

SUBJONCTIF

Présent		Passé	
q. je déchoie	[-ʃwa]	aie	déchu
tu déchoies	[-ʃwa]	aies	déchu
il déchoie	[-ʃwa]	ait	déchu
ns déchoyions	[-ʃwajjɔ̃]	ayons	déchu
vs déchoyiez	[-ʃwajje]	ayez	déchu
ils déchoient	[-ʃwa]	aient	déchu

Imparfait		Plus-que-parfait	
j' *(inusité)*		avais	déchu
tu —		avais	déchu
il —		avait	déchu
ns —		avions	déchu
vs —		aviez	déchu
ils —		avaient	déchu

Imparfait		Plus-que-parfait	
q. je déchusse	[-ʃys]	eusse	déchu
tu déchusses	[-ʃys]	eusses	déchu
il déchût	[-ʃy]	eût	déchu
ns déchussions	[-ʃysjɔ̃]	eussions	déchu
vs déchussiez	[-ʃysje]	eussiez	déchu
ils déchussent	[-ʃys]	eussent	déchu

Futur simple		Futur antérieur	
je déchoirai	[-ʃware]	aurai	déchu
tu déchoiras	[-ʃwara]	auras	déchu
il déchoira	[-ʃwara]	aura	déchu
ns déchoirons	[-ʃwarɔ̃]	aurons	déchu
vs déchoirez	[-ʃware]	aurez	déchu
ils déchoiront	[-ʃwarɔ̃]	auront	déchu

CONDITIONNEL

Présent		Passé	
je déchoirais	[-ʃwarɛ]	aurais	déchu
tu déchoirais	[-ʃwarɛ]	aurais	déchu
il déchoirait	[-ʃwarɛ]	aurait	déchu
ns déchoirions	[-ʃwarjɔ̃]	aurions	déchu
vs déchoiriez	[-ʃwarje]	auriez	déchu
ils déchoiraient	[-ʃwarɛ]	auraient	déchu

Passé simple		Passé antérieur	
je déchus	[-ʃy]	eus	déchu
tu déchus	[-ʃy]	eus	déchu
il déchut	[-ʃy]	eut	déchu
ns déchûmes	[-ʃym]	eûmes	déchu
vs déchûtes	[-ʃyt]	eûtes	déchu
ils déchurent	[-ʃyr]	eurent	déchu

IMPÉRATIF

Présent	Passé
(inusité)	*(inusité)*
—	—
—	—

72 choir

INFINITIF

Présent	Passé
choir	être chu
[ʃwar]	[ɛtrəʃy]

PARTICIPE

Présent	Passé
(inusité)	chu, e
	[ʃy]

INDICATIF

	Présent		Passé composé	
je	chois	[ʃwa]	suis	chu
tu	chois	[ʃwa]	es	chu
il	choit	[ʃwa]	est	chu
ns	*(inusité)*		sommes	chus
vs	—		êtes	chus
ils	choient	[ʃwa]	sont	chus

	Imparfait		Plus-que-parfait	
je	*(inusité)*		étais	chu
tu	—		étais	chu
il	—		était	chu
ns	—		étions	chus
vs	—		étiez	chus
ils	—		étaient	chus

	Futur simple		Futur antérieur	
je	choirai	[ʃware]	serai	chu
	cherrai	[ʃerre]		
tu	choiras	[ʃwara]	seras	chu
	cherras	[ʃerra]		
il	choira	[ʃwara]	sera	chu
	cherra	[ʃerra]		
ns	choirons	[ʃwarɔ̃]	serons	chus
	cherrons	[ʃerrɔ̃]		
vs	choirez	[ʃware]	serez	chus
	cherrez	[ʃerre]		
ils	choiront	[ʃwarɔ̃]	seront	chus
	cherront	[ʃerrɔ̃]		

	Passé simple		Passé antérieur	
je	chus	[ʃy]	fus	chu
tu	chus	[ʃy]	fus	chu
il	chut	[ʃy]	fut	chu
ns	chûmes	[ʃym]	fûmes	chus
vs	chûtes	[ʃyt]	fûtes	chus
ils	churent	[ʃyr]	furent	chus

SUBJONCTIF

	Présent		Passé	
q. je	*(inusité)*		sois	chu
tu	—		sois	chu
il	—		soit	chu
ns	—		soyons	chus
vs	—		soyez	chus
ils	—		soient	chus

	Imparfait		Plus-que-parfait	
q. je	*(inusité)*		fusse	chu
tu	—		fusses	chu
il	chût	[ʃy]	fût	chu
ns	*(inusité)*		fussions	chus
vs	—		fussiez	chus
ils	—		fussent	chus

CONDITIONNEL

	Présent		Passé	
je	choirais	[ʃwarɛ]	serais	chu
	cherrais	[ʃerrɛ]		
tu	choirais	[ʃwarɛ]	serais	chu
	cherrais	[ʃerrɛ]		
il	choirait	[ʃwarɛ]	serait	chu
	cherrait	[ʃerrɛ]		
ns	choirions	[ʃwarjɔ̃]	serions	chus
	cherrions	[ʃerrjɔ̃]		
vs	choiriez	[ʃwarje]	seriez	chus
	cherriez	[ʃerrje]		
ils	choiraient	[ʃwarɛ]	seraient	chus
	cherraient	[ʃerrɛ]		

IMPÉRATIF

Présent	Passé
(inusité)	*(inusité)*
—	—
—	—

73 vendre

INFINITIF

Présent	Passé
vendre	avoir vendu
[vãdr]	[avwarvãdy]

PARTICIPE

Présent	Passé
vendant	vendu, e
[vãdã]	[vãdy]

INDICATIF

Présent		Passé composé	
je vends	[vã]	ai	vendu
tu vends	[vã]	as	vendu
il vend	[vã]	a	vendu
ns vendons	[vãdõ]	avons	vendu
vs vendez	[vãde]	avez	vendu
ils vendent	[vãd]	ont	vendu

Imparfait		Plus-que-parfait	
je vendais	[vãdɛ]	avais	vendu
tu vendais	[vãdɛ]	avais	vendu
il vendait	[vãdɛ]	avait	vendu
ns vendions	[vãdjõ]	avions	vendu
vs vendiez	[vãdje]	aviez	vendu
ils vendaient	[vãdɛ]	avaient	vendu

Futur simple		Futur antérieur	
je vendrai	[vãdre]	aurai	vendu
tu vendras	[vãdra]	auras	vendu
il vendra	[vãdra]	aura	vendu
ns vendrons	[vãdrõ]	aurons	vendu
vs vendrez	[vãdre]	aurez	vendu
ils vendront	[vãdrõ]	auront	vendu

Passé simple		Passé antérieur	
je vendis	[vãdi]	eus	vendu
tu vendis	[vãdi]	eus	vendu
il vendit	[vãdi]	eut	vendu
ns vendîmes	[vãdim]	eûmes	vendu
vs vendîtes	[vãdit]	eûtes	vendu
ils vendirent	[vãdir]	eurent	vendu

SUBJONCTIF

Présent		Passé	
q. je vende	[vãd]	aie	vendu
tu vendes	[vãd]	aies	vendu
il vende	[vãd]	ait	vendu
ns vendions	[vãdjõ]	ayons	vendu
vs vendiez	[vãdje]	ayez	vendu
ils vendent	[vãd]	aient	vendu

Imparfait		Plus-que-parfait	
q. je vendisse	[vãdis]	eusse	vendu
tu vendisses	[vãdis]	eusses	vendu
il vendît	[vãdi]	eût	vendu
ns vendissions	[vãdisjõ]	eussions	vendu
vs vendissiez	[vãdisje]	eussiez	vendu
ils vendissent	[vãdis]	eussent	vendu

CONDITIONNEL

Présent		Passé	
je vendrais	[vãdrɛ]	aurais	vendu
tu vendrais	[vãdrɛ]	aurais	vendu
il vendrait	[vãdrɛ]	aurait	vendu
ns vendrions	[vãdrijõ]	aurions	vendu
vs vendriez	[vãdrije]	auriez	vendu
ils vendraient	[vãdrɛ]	auraient	vendu

IMPÉRATIF

Présent		Passé	
vends	[vã]	aie	vendu
vendons	[vãdõ]	ayons	vendu
vendez	[vãde]	ayez	vendu

74 répandre

INFINITIF

Présent	Passé
répandre	avoir répandu
[repãdr]	[avwarrepãdy]

PARTICIPE

Présent	Passé
répandant	répandu, e
[repãdã]	[repãdy]

INDICATIF

Présent

			Passé composé	
je	répands	[-ã]	ai	répandu
tu	répands	[-ã]	as	répandu
il	répand	[-ã]	a	répandu
ns	répandons	[-ãdõ]	avons	répandu
vs	répandez	[-ãde]	avez	répandu
ils	répandent	[-ãd]	ont	répandu

Imparfait

			Plus-que-parfait	
je	répandais	[-ãdɛ]	avais	répandu
tu	répandais	[-ãdɛ]	avais	répandu
il	répandait	[-ãdɛ]	avait	répandu
ns	répandions	[-ãdjõ]	avions	répandu
vs	répandiez	[-ãdje]	aviez	répandu
ils	répandaient	[-ãdɛ]	avaient	répandu

Futur simple

			Futur antérieur	
je	répandrai	[-ãdre]	aurai	répandu
tu	répandras	[-ãdra]	auras	répandu
il	répandra	[-ãdra]	aura	répandu
ns	répandrons	[-ãdrõ]	aurons	répandu
vs	répandrez	[-ãdre]	aurez	répandu
ils	répandront	[-ãdrõ]	auront	répandu

Passé simple

			Passé antérieur	
je	répandis	[-ãdi]	eus	répandu
tu	répandis	[-ãdi]	eus	répandu
il	répandit	[-ãdi]	eut	répandu
ns	répandîmes	[-ãdim]	eûmes	répandu
vs	répandîtes	[-ãdit]	eûtes	répandu
ils	répandirent	[-ãdir]	eurent	répandu

SUBJONCTIF

Présent

				Passé	
q. je	répande	[-ãd]		aie	répandu
tu	répandes	[-ãd]		aies	répandu
il	répande	[-ãd]		ait	répandu
ns	répandions	[-ãdjõ]		ayons	répandu
vs	répandiez	[-ãdje]		ayez	répandu
ils	répandent	[-ãd]		aient	répandu

Imparfait

				Plus-que-parfait	
q. je	répandisse	[-ãdis]		eusse	répandu
tu	répandisses	[-ãdis]		eusses	répandu
il	répandît	[-ãdi]		eût	répandu
ns	répandissions	[-ãdisjõ]		eussions	répandu
vs	répandissiez	[-ãdisje]		eussiez	répandu
ils	répandissent	[-ãdis]		eussent	répandu

CONDITIONNEL

				Passé	
je	répandrais	[-ãdrɛ]		aurais	répandu
tu	répandrais	[-ãdrɛ]		aurais	répandu
il	répandrait	[-ãdrɛ]		aurait	répandu
ns	répandrions	[-ãdrijõ]		aurions	répandu
vs	répandriez	[-ãdrije]		auriez	répandu
ils	répandraient	[-ãdrɛ]		auraient	répandu

IMPÉRATIF

Présent

			Passé	
répands	[-ã]		aie	répandu
répandons	[-ãdõ]		ayons	répandu
répandez	[-ãde]		ayez	répandu

75 répondre

─ INFINITIF ─

Présent	Passé
répondre	avoir répondu
[repɔ̃dr]	[avwarrepɔ̃dy]

─ PARTICIPE ─

Présent	Passé
répondant	répondu, e
[repɔ̃dɑ̃]	[repɔ̃dy]

─ INDICATIF ─

Présent		Passé composé	
je réponds	[-ɔ̃]	ai	répondu
tu réponds	[-ɔ̃]	as	répondu
il répond	[-ɔ̃]	a	répondu
ns répondons	[-ɔ̃dɔ̃]	avons	répondu
vs répondez	[-ɔ̃de]	avez	répondu
ils répondent	[-ɔ̃d]	ont	répondu

─ SUBJONCTIF ─

Présent		Passé	
q. je réponde	[-ɔ̃d]	aie	répondu
tu répondes	[-ɔ̃d]	aies	répondu
il réponde	[-ɔ̃d]	ait	répondu
ns répondions	[-ɔ̃djɔ̃]	ayons	répondu
vs répondiez	[-ɔ̃dje]	ayez	répondu
ils répondent	[-ɔ̃d]	aient	répondu

Imparfait		Plus-que-parfait	
je répondais	[-ɔ̃dɛ]	avais	répondu
tu répondais	[-ɔ̃dɛ]	avais	répondu
il répondait	[-ɔ̃dɛ]	avait	répondu
ns répondions	[-ɔ̃djɔ̃]	avions	répondu
vs répondiez	[-ɔ̃dje]	aviez	répondu
ils répondaient	[-ɔ̃dɛ]	avaient	répondu

Imparfait		Plus-que-parfait	
q. je répondisse	[-ɔ̃dis]	eusse	répondu
tu répondisses	[-ɔ̃dis]	eusses	répondu
il répondît	[-ɔ̃di]	eût	répondu
ns répondissions	[-ɔ̃disjɔ̃]	eussions	répondu
vs répondissiez	[-ɔ̃disje]	eussiez	répondu
ils répondissent	[-ɔ̃dis]	eussent	répondu

─ CONDITIONNEL ─

Futur simple		Futur antérieur	
je répondrai	[-ɔ̃dre]	aurai	répondu
tu répondras	[-ɔ̃dra]	auras	répondu
il répondra	[-ɔ̃dra]	aura	répondu
ns répondrons	[-ɔ̃drɔ̃]	aurons	répondu
vs répondrez	[-ɔ̃dre]	aurez	répondu
ils répondront	[-ɔ̃drɔ̃]	auront	répondu

Présent		Passé	
je répondrais	[-ɔ̃drɛ]	aurais	répondu
tu répondrais	[-ɔ̃drɛ]	aurais	répondu
il répondrait	[-ɔ̃drɛ]	aurait	répondu
ns répondrions	[-ɔ̃drijɔ̃]	aurions	répondu
vs répondriez	[-ɔ̃drije]	auriez	répondu
ils répondraient	[-ɔ̃drɛ]	auraient	répondu

─ IMPÉRATIF ─

Passé simple		Passé antérieur	
je répondis	[-ɔ̃di]	eus	répondu
tu répondis	[-ɔ̃di]	eus	répondu
il répondit	[-ɔ̃di]	eut	répondu
ns répondîmes	[-ɔ̃dim]	eûmes	répondu
vs répondîtes	[-ɔ̃dit]	eûtes	répondu
ils répondirent	[-ɔ̃dir]	eurent	répondu

Présent		Passé	
réponds	[-ɔ̃]	aie	répond
répondons	[-ɔ̃dɔ̃]	ayons	répond
répondez	[-ɔ̃de]	ayez	répond

76 mordre

—— INFINITIF ——

Présent

mordre
[mɔrdr]

Passé

avoir mordu
[avwarmɔrdy]

—— PARTICIPE ——

Présent

mordant
[mɔrdɑ̃]

Passé

mordu, e
[mɔrdy]

—— INDICATIF ——

Présent

je	mords	[mɔr]
tu	mords	[mɔr]
il	mord	[mɔr]
ns	mordons	[mɔrdɔ̃]
vs	mordez	[mɔrde]
ils	mordent	[mɔrd]

Passé composé

ai	mordu
as	mordu
a	mordu
avons	mordu
avez	mordu
ont	mordu

—— SUBJONCTIF ——

Présent

q. je	morde	[mɔrd]
tu	mordes	[mɔrd]
il	morde	[mɔrd]
ns	mordions	[mɔrdjɔ̃]
vs	mordiez	[mɔrdje]
ils	mordent	[mɔrd]

Passé

aie	mordu
aies	mordu
ait	mordu
ayons	mordu
ayez	mordu
aient	mordu

Imparfait

je	mordais	[mɔrdɛ]
tu	mordais	[mɔrdɛ]
il	mordait	[mɔrdɛ]
ns	mordions	[mɔrdjɔ̃]
vs	mordiez	[mɔrdje]
ils	mordaient	[mɔrdɛ]

Plus-que-parfait

avais	mordu
avais	mordu
avait	mordu
avions	mordu
aviez	mordu
avaient	mordu

Imparfait

q. je	mordisse	[mɔrdis]
tu	mordisses	[mɔrdis]
il	mordît	[mɔrdi]
ns	mordissions	[mɔrdisjɔ̃]
vs	mordissiez	[mɔrdisje]
ils	mordissent	[mɔrdis]

Plus-que-parfait

eusse	mordu
eusses	mordu
eût	mordu
eussions	mordu
eussiez	mordu
eussent	mordu

Futur simple

je	mordrai	[mɔrdre]
tu	mordras	[mɔrdra]
il	mordra	[mɔrdra]
ns	mordrons	[mɔrdrɔ̃]
vs	mordrez	[mɔrdre]
ils	mordront	[mɔrdrɔ̃]

Futur antérieur

aurai	mordu
auras	mordu
aura	mordu
aurons	mordu
aurez	mordu
auront	mordu

—— CONDITIONNEL ——

Présent

je	mordrais	[mɔrdrɛ]
tu	mordrais	[mɔrdrɛ]
il	mordrait	[mɔrdrɛ]
ns	mordrions	[mɔrdrijɔ̃]
vs	mordriez	[mɔrdrije]
ils	mordraient	[mɔrdrɛ]

Passé

aurais	mordu
aurais	mordu
aurait	mordu
aurions	mordu
auriez	mordu
auraient	mordu

Passé simple

je	mordis	[mɔrdi]
tu	mordis	[mɔrdi]
il	mordit	[mɔrdi]
ns	mordîmes	[mɔrdim]
vs	mordîtes	[mɔrdit]
ils	mordirent	[mɔrdir]

Passé antérieur

eus	mordu
eus	mordu
eut	mordu
eûmes	mordu
eûtes	mordu
eurent	mordu

—— IMPÉRATIF ——

Présent

mords	[mɔr]
mordons	[mɔrdɔ̃]
mordez	[mɔrde]

Passé

aie	mordu
ayons	mordu
ayez	mordu

77 perdre

—INFINITIF—

	Présent	Passé
	perdre	avoir perdu
	[pɛrdr]	[avwarpɛrdy]

—PARTICIPE—

	Présent	Passé
	perdant	perdu, e
	[pɛrdɑ̃]	[pɛrdy]

—INDICATIF—

Présent

je	perds	[pɛr]
tu	perds	[pɛr]
il	perd	[pɛr]
ns	perdons	[pɛrdɔ̃]
vs	perdez	[pɛrde]
ils	perdent	[pɛrd]

Passé composé

ai	perdu
as	perdu
a	perdu
avons	perdu
avez	perdu
ont	perdu

Imparfait

je	perdais	[pɛrdɛ]
tu	perdais	[pɛrdɛ]
il	perdait	[pɛrdɛ]
ns	perdions	[pɛrdjɔ̃]
vs	perdiez	[pɛrdje]
ils	perdaient	[pɛrdɛ]

Plus-que-parfait

avais	perdu
avais	perdu
avait	perdu
avions	perdu
aviez	perdu
avaient	perdu

Futur simple

je	perdrai	[pɛrdre]
tu	perdras	[pɛrdra]
il	perdra	[pɛrdra]
ns	perdrons	[pɛrdrɔ̃]
vs	perdrez	[pɛrdre]
ils	perdront	[pɛrdrɔ̃]

Futur antérieur

aurai	perdu
auras	perdu
aura	perdu
aurons	perdu
aurez	perdu
auront	perdu

Passé simple

je	perdis	[pɛrdi]
tu	perdis	[pɛrdi]
il	perdit	[pɛrdi]
ns	perdîmes	[pɛrdim]
vs	perdîtes	[pɛrdit]
ils	perdirent	[pɛrdir]

Passé antérieur

eus	perdu
eus	perdu
eut	perdu
eûmes	perdu
eûtes	perdu
eurent	perdu

—SUBJONCTIF—

Présent

q.	je	perde	[pɛrd]
	tu	perdes	[pɛrd]
	il	perde	[pɛrd]
	ns	perdions	[pɛrdjɔ̃]
	vs	perdiez	[pɛrdje]
	ils	perdent	[pɛrd]

Passé

aie	perdu
aies	perdu
ait	perdu
ayons	perdu
ayez	perdu
aient	perdu

Imparfait

q.	je	perdisse	[pɛrdis]
	tu	perdisses	[pɛrdis]
	il	perdît	[pɛrdi]
	ns	perdissions	[pɛrdisjɔ̃]
	vs	perdissiez	[pɛrdisje]
	ils	perdissent	[pɛrdis]

Plus-que-parfait

eusse	perdu
eusses	perdu
eût	perdu
eussions	perdu
eussiez	perdu
eussent	perdu

—CONDITIONNEL—

Présent

je	perdrais	[pɛrdrɛ]
tu	perdrais	[pɛrdrɛ]
il	perdrait	[pɛrdrɛ]
ns	perdrions	[pɛrdrijɔ̃]
vs	perdriez	[pɛrdrije]
ils	perdraient	[pɛrdrɛ]

Passé

aurais	perdu
aurais	perdu
aurait	perdu
aurions	perdu
auriez	perdu
auraient	perdu

—IMPÉRATIF—

Présent

perds	[pɛr]	
perdons	[pɛrdɔ̃]	
perdez	[pɛrde]	

Passé

aie	perdu
ayons	perdu
ayez	perdu

78 rompre

___ INFINITIF ___

Présent	Passé
rompre	avoir rompu
[rɔ̃pr]	[avwarrɔ̃py]

___ PARTICIPE ___

Présent	Passé
rompant	rompu, e
[rɔ̃pɑ̃]	[rɔ̃py]

___ INDICATIF ___

Présent

je	romps	[rɔ̃]
tu	romps	[rɔ̃]
il	rompt	[rɔ̃]
ns	rompons	[rɔ̃pɔ̃]
vs	rompez	[rɔ̃pe]
ils	rompent	[rɔ̃p]

Passé composé

ai	rompu
as	rompu
a	rompu
avons	rompu
avez	rompu
ont	rompu

Imparfait

je	rompais	[rɔ̃pɛ]
tu	rompais	[rɔ̃pɛ]
il	rompait	[rɔ̃pɛ]
ns	rompions	[rɔ̃pjɔ̃]
vs	rompiez	[rɔ̃pje]
ils	rompaient	[rɔ̃pɛ]

Plus-que-parfait

avais	rompu
avais	rompu
avait	rompu
avions	rompu
aviez	rompu
avaient	rompu

Futur simple

je	romprai	[rɔ̃pre]
tu	rompras	[rɔ̃pra]
il	rompra	[rɔ̃pra]
ns	romprons	[rɔ̃prɔ̃]
vs	romprez	[rɔ̃pre]
ils	rompront	[rɔ̃prɔ̃]

Futur antérieur

aurai	rompu
auras	rompu
aura	rompu
aurons	rompu
aurez	rompu
auront	rompu

Passé simple

je	rompis	[rɔ̃pi]
tu	rompis	[rɔ̃pi]
il	rompit	[rɔ̃pi]
ns	rompîmes	[rɔ̃pim]
vs	rompîtes	[rɔ̃pit]
ils	rompirent	[rɔ̃pir]

Passé antérieur

eus	rompu
eus	rompu
eut	rompu
eûmes	rompu
eûtes	rompu
eurent	rompu

___ SUBJONCTIF ___

Présent

q. je	rompe	[rɔ̃p]
tu	rompes	[rɔ̃p]
il	rompe	[rɔ̃p]
ns	rompions	[rɔ̃pjɔ̃]
vs	rompiez	[rɔ̃pje]
ils	rompent	[rɔ̃p]

Passé

aie	rompu
aies	rompu
ait	rompu
ayons	rompu
ayez	rompu
aient	rompu

Imparfait

q. je	rompisse	[rɔ̃pis]
tu	rompisses	[rɔ̃pis]
il	rompît	[rɔ̃pi]
ns	rompissions	[rɔ̃pisjɔ̃]
vs	rompissiez	[rɔ̃pisje]
ils	rompissent	[rɔ̃pis]

Plus-que-parfait

eusse	rompu
eusses	rompu
eût	rompu
eussions	rompu
eussiez	rompu
eussent	rompu

___ CONDITIONNEL ___

Présent

je	romprais	[rɔ̃prɛ]
tu	romprais	[rɔ̃prɛ]
il	romprait	[rɔ̃prɛ]
ns	romprions	[rɔ̃prijɔ̃]
vs	rompriez	[rɔ̃prije]
ils	rompraient	[rɔ̃prɛ]

Passé

aurais	rompu
aurais	rompu
aurait	rompu
aurions	rompu
auriez	rompu
auraient	rompu

___ IMPÉRATIF ___

Présent

romps	[rɔ̃]
rompons	[rɔ̃pɔ̃]
rompez	[rɔ̃pe]

Passé

aie	rompu
ayons	rompu
ayez	rompu

79 prendre

── INFINITIF ──

Présent	Passé
prendre	avoir pris
[prᾱdr]	[avwarpri]

── PARTICIPE ──

Présent	Passé
prenant	pris, e
[prənᾱ]	[pri, -iz]

── INDICATIF ──

Présent

je	prends	[-ᾱ]
tu	prends	[-ᾱ]
il	prend	[-ᾱ]
ns	prenons	[-ənõ]
vs	prenez	[-əne]
ils	prennent	[-ɛn]

Passé composé

ai	pris
as	pris
a	pris
avons	pris
avez	pris
ont	pris

── SUBJONCTIF ──

Présent

q.	je	prenne	[-ɛn]
	tu	prennes	[-ɛn]
	il	prenne	[-ɛn]
	ns	prenions	[-ənjõ]
	vs	preniez	[-ənje]
	ils	prennent	[-ɛn]

Passé

aie	pris
aies	pris
ait	pris
ayons	pris
ayez	pris
aient	pris

Imparfait

je	prenais	[-ənɛ]
tu	prenais	[-ənɛ]
il	prenait	[-ənɛ]
ns	prenions	[-ənjõ]
vs	preniez	[-ənje]
ils	prenaient	[-ənɛ]

Plus-que-parfait

avais	pris
avais	pris
avait	pris
avions	pris
aviez	pris
avaient	pris

Imparfait

q.	je	prisse	[-is]
	tu	prisses	[-is]
	il	prît	[-i]
	ns	prissions	[-isjõ]
	vs	prissiez	[-isje]
	ils	prissent	[-is]

Plus-que-parfait

eusse	pris
eusses	pris
eût	pris
eussions	pris
eussiez	pris
eussent	pris

Futur simple

je	prendrai	[-ᾱdre]
tu	prendras	[-ᾱdra]
il	prendra	[-ᾱdra]
ns	prendrons	[-ᾱdrõ]
vs	prendrez	[-ᾱdre]
ils	prendront	[-ᾱdrõ]

Futur antérieur

aurai	pris
auras	pris
aura	pris
aurons	pris
aurez	pris
auront	pris

── CONDITIONNEL ──

Présent

je	prendrais	[-ᾱdrɛ]
tu	prendrais	[-ᾱdrɛ]
il	prendrait	[-ᾱdrɛ]
ns	prendrions	[-ᾱdrijõ]
vs	prendriez	[-ᾱdrije]
ils	prendraient	[-ᾱdrɛ]

Passé

aurais	pris
aurais	pris
aurait	pris
aurions	pris
auriez	pris
auraient	pris

Passé simple

je	pris	[-i]
tu	pris	[-i]
il	prit	[-i]
ns	prîmes	[-im]
vs	prîtes	[-it]
ils	prirent	[-ir]

Passé antérieur

eus	pris
eus	pris
eut	pris
eûmes	pris
eûtes	pris
eurent	pris

── IMPÉRATIF ──

Présent

prends	[-ᾱ]
prenons	[-ənõ]
prenez	[-əne]

Passé

aie	pris
ayons	pris
ayez	pris

80 craindre

INFINITIF

Présent	Passé
craindre [krɛ̃dr]	avoir craint [avwarkrɛ̃]

PARTICIPE

Présent	Passé
craignant [krɛɲɑ̃]	craint, e [krɛ̃, -ɛ̃t]

INDICATIF

Présent

			Passé composé	
je	crains	[-ɛ̃]	ai	craint
tu	crains	[-ɛ̃]	as	craint
il	craint	[-ɛ̃]	a	craint
ns	craignons	[-eɲɔ̃]	avons	craint
vs	craignez	[-eɲe]	avez	craint
ils	craignent	[-ɛɲ]	ont	craint

Imparfait

			Plus-que-parfait	
je	craignais	[-eɲɛ]	avais	craint
tu	craignais	[-eɲɛ]	avais	craint
il	craignait	[-eɲɛ]	avait	craint
ns	craignions	[-eɲjɔ̃]	avions	craint
vs	craigniez	[-eɲje]	aviez	craint
ils	craignaient	[-eɲɛ]	avaient	craint

Futur simple

			Futur antérieur	
je	craindrai	[-ɛ̃dre]	aurai	craint
tu	craindras	[-ɛ̃dra]	auras	craint
il	craindra	[-ɛ̃dra]	aura	craint
ns	craindrons	[-ɛ̃drɔ̃]	aurons	craint
vs	craindrez	[-ɛ̃dre]	aurez	craint
ils	craindront	[-ɛ̃drɔ̃]	auront	craint

Passé simple

			Passé antérieur	
je	craignis	[-eɲi]	eus	craint
tu	craignis	[-eɲi]	eus	craint
il	craignit	[-eɲi]	eut	craint
ns	craignîmes	[-eɲim]	eûmes	craint
vs	craignîtes	[-eɲit]	eûtes	craint
ils	craignirent	[-eɲir]	eurent	craint

SUBJONCTIF

Présent

				Passé	
q. je	craigne	[-ɛɲ]	aie	craint
tu	craignes	[-ɛɲ]	aies	craint
il	craigne	[-ɛɲ]	ait	craint
ns	craignions	[-eɲjɔ̃]	ayons	craint
vs	craigniez	[-eɲje]	ayez	craint
ils	craignent	[-ɛɲ]	aient	craint

Imparfait

			Plus-que-parfait	
q. je	craignisse	[-eɲis]	eusse	craint
tu	craignisses	[-eɲis]	eusses	craint
il	craignît	[-eɲi]	eût	craint
ns	craignissions	[-eɲisjɔ̃]	eussions	craint
vs	craignissiez	[-eɲisje]	eussiez	craint
ils	craignissent	[-eɲis]	eussent	craint

CONDITIONNEL

			Passé	
je	craindrais	[-ɛ̃drɛ]	aurais	craint
tu	craindrais	[-ɛ̃drɛ]	aurais	craint
il	craindrait	[-ɛ̃drɛ]	aurait	craint
ns	craindrions	[-ɛ̃drijɔ̃]	aurions	craint
vs	craindriez	[-ɛ̃drije]	auriez	craint
ils	craindraient	[-ɛ̃drɛ]	auraient	craint

IMPÉRATIF

Présent

		Passé	
crains	[-ɛ̃]	aie	craint
craignons	[-eɲɔ̃]	ayons	craint
craignez	[-eɲe]	ayez	craint

81 peindre

INFINITIF

Présent	Passé
peindre	avoir peint
[pɛ̃dr]	[avwarpɛ̃]

PARTICIPE

Présent	Passé
peignant	peint, e
[pɛɲɑ̃]	[pɛ̃, -ɛ̃t]

INDICATIF

Présent

			Passé composé	
je	peins	[pɛ̃]	ai	peint
tu	peins	[pɛ̃]	as	peint
il	peint	[pɛ̃]	a	peint
ns	peignons	[peɲɔ̃]	avons	peint
vs	peignez	[peɲe]	avez	peint
ils	peignent	[pɛɲ]	ont	peint

Imparfait

			Plus-que-parfait	
je	peignais	[peɲɛ]	avais	peint
tu	peignais	[peɲɛ]	avais	peint
il	peignait	[peɲɛ]	avait	peint
ns	peignions	[peɲjɔ̃]	avions	peint
vs	peigniez	[peɲje]	aviez	peint
ils	peignaient	[peɲɛ]	avaient	peint

Futur simple

			Futur antérieur	
je	peindrai	[pɛ̃dre]	aurai	peint
tu	peindras	[pɛ̃dra]	auras	peint
il	peindra	[pɛ̃dra]	aura	peint
ns	peindrons	[pɛ̃drɔ̃]	aurons	peint
vs	peindrez	[pɛ̃dre]	aurez	peint
ils	peindront	[pɛ̃drɔ̃]	auront	peint

Passé simple

			Passé antérieur	
je	peignis	[peɲi]	eus	peint
tu	peignis	[peɲi]	eus	peint
il	peignit	[peɲi]	eut	peint
ns	peignîmes	[peɲim]	eûmes	peint
vs	peignîtes	[peɲit]	eûtes	peint
ils	peignirent	[peɲir]	eurent	peint

SUBJONCTIF

Présent

				Passé	
q. je	peigne	[pɛɲ]		aie	peint
tu	peignes	[pɛɲ]		aies	peint
il	peigne	[pɛɲ]		ait	peint
ns	peignions	[peɲjɔ̃]		ayons	peint
vs	peigniez	[peɲje]		ayez	peint
ils	peignent	[pɛɲ]		aient	peint

Imparfait

				Plus-que-parfait	
q. je	peignisse	[peɲis]		eusse	peint
tu	peignisses	[peɲis]		eusses	peint
il	peignît	[peɲi]		eût	peint
ns	peignissions	[peɲisjɔ̃]		eussions	peint
vs	peignissiez	[peɲisje]		eussiez	peint
ils	peignissent	[peɲis]		eussent	peint

CONDITIONNEL

Présent

			Passé	
je	peindrais	[pɛ̃drɛ]	aurais	peint
tu	peindrais	[pɛ̃drɛ]	aurais	peint
il	peindrait	[pɛ̃drɛ]	aurait	peint
ns	peindrions	[pɛ̃drijɔ̃]	aurions	peint
vs	peindriez	[pɛ̃drije]	auriez	peint
ils	peindraient	[pɛ̃drɛ]	auraient	peint

IMPÉRATIF

Présent

			Passé	
peins	[pɛ̃]		aie	peint
peignons	[peɲɔ̃]		ayons	peint
peignez	[peɲe]		ayez	peint

82 joindre

INFINITIF

Présent	Passé
joindre	avoir joint
[ʒwɛ̃dr]	[avwarʒwɛ̃]

PARTICIPE

Présent	Passé
joignant	joint, e
[ʒwaɲɑ̃]	[ʒwɛ̃, -wɛ̃t]

INDICATIF

	Présent			Passé composé	
je	joins	[ʒwɛ̃]	ai	joint
tu	joins	[ʒwɛ̃]	as	joint
il	joint	[ʒwɛ̃]	a	joint
ns	joignons	[ʒwaɲɔ̃]	avons	joint
vs	joignez	[ʒwaɲe]	avez	joint
ils	joignent	[ʒwaɲ]	ont	joint

	Imparfait			Plus-que-parfait	
je	joignais	[ʒwaɲɛ]	avais	joint
tu	joignais	[ʒwaɲɛ]	avais	joint
il	joignait	[ʒwaɲɛ]	avait	joint
ns	joignions	[ʒwaɲjɔ̃]	avions	joint
vs	joigniez	[ʒwaɲje]	aviez	joint
ils	joignaient	[ʒwaɲɛ]	avaient	joint

	Futur simple			Futur antérieur	
je	joindrai	[ʒwɛ̃dre]	aurai	joint
tu	joindras	[ʒwɛ̃dra]	auras	joint
il	joindra	[ʒwɛ̃dra]	aura	joint
ns	joindrons	[ʒwɛ̃drɔ̃]	auront	joint
vs	joindrez	[ʒwɛ̃dre]	aurez	joint
ils	joindront	[ʒwɛ̃drɔ̃]	auront	joint

	Passé simple			Passé antérieur	
je	joignis	[ʒwaɲi]	eus	joint
tu	joignis	[ʒwaɲi]	eus	joint
il	joignit	[ʒwaɲi]	eut	joint
ns	joignîmes	[ʒwaɲim]	eûmes	joint
vs	joignîtes	[ʒwaɲit]	eûtes	joint
ils	joignirent	[ʒwaɲir]	eurent	joint

SUBJONCTIF

	Présent			Passé	
q. je	joigne	[ʒwaɲ]	aie	joint
tu	joignes	[ʒwaɲ]	aies	joint
il	joigne	[ʒwaɲ]	ait	joint
ns	joignions	[ʒwaɲjɔ̃]	ayons	joint
vs	joigniez	[ʒwaɲje]	ayez	joint
ils	joignent	[ʒwaɲ]	aient	joint

	Imparfait			Plus-que-parfait	
q. je	joignisse	[ʒwaɲis]	eusse	joint
tu	joignisses	[ʒwaɲis]	eusses	joint
il	joignît	[ʒwaɲi]	eût	joint
ns	joignissions	[ʒwaɲisjɔ̃]	eussions	joint
vs	joignissiez	[ʒwaɲisje]	eussiez	joint
ils	joignissent	[ʒwaɲis]	eussent	joint

CONDITIONNEL

	Présent			Passé	
je	joindrais	[ʒwɛ̃drɛ]	aurais	joint
tu	joindrais	[ʒwɛ̃drɛ]	aurais	joint
il	joindrait	[ʒwɛ̃drɛ]	aurait	joint
ns	joindrions	[ʒwɛ̃drijɔ̃]	aurions	joint
vs	joindriez	[ʒwɛ̃drije]	auriez	joint
ils	joindraient	[ʒwɛ̃drɛ]	auraient	joint

IMPÉRATIF

Présent			Passé	
joins	[ʒwɛ̃]	aie	joint
joignons	[ʒwaɲɔ̃]	ayons	joint
joignez	[ʒwaɲe]	ayez	joint

83 battre

INFINITIF

Présent	Passé
battre	avoir battu
[batr]	[avwarbaty]

PARTICIPE

Présent	Passé
battant	battu, e
[batɔ̃]	[baty]

INDICATIF

Présent		Passé composé	
je bats	[ba]	ai	battu
tu bats	[ba]	as	battu
il bat	[ba]	a	battu
ns battons	[batɔ̃]	avons	battu
vs battez	[bate]	avez	battu
ils battent	[bat]	ont	battu

Imparfait		Plus-que-parfait	
je battais	[batɛ]	avais	battu
tu battais	[batɛ]	avais	battu
il battait	[batɛ]	avait	battu
ns battions	[batjɔ̃]	avions	battu
vs battiez	[batje]	aviez	battu
ils battaient	[batɛ]	avaient	battu

Futur simple		Futur antérieur	
je battrai	[batre]	aurai	battu
tu battras	[batra]	auras	battu
il battra	[batra]	aura	battu
ns battrons	[batrɔ̃]	aurons	battu
vs battrez	[batre]	aurez	battu
ils battront	[batrɔ̃]	auront	battu

Passé simple		Passé antérieur	
je battis	[bati]	eus	battu
tu battis	[bati]	eus	battu
il battit	[bati]	eut	battu
ns battîmes	[batim]	eûmes	battu
vs battîtes	[batit]	eûtes	battu
ils battirent	[batir]	eurent	battu

SUBJONCTIF

Présent		Passé	
q. je batte	[bat]	aie	battu
tu battes	[bat]	aies	battu
il batte	[bat]	ait	battu
ns battions	[batjɔ̃]	ayons	battu
vs battiez	[batje]	ayez	battu
ils battent	[bat]	aient	battu

Imparfait		Plus-que-parfait	
q. je battisse	[batis]	eusse	battu
tu battisses	[batis]	eusses	battu
il battît	[bati]	eût	battu
ns battissions	[batisjɔ̃]	eussions	battu
vs battissiez	[batisje]	eussiez	battu
ils battissent	[batis]	eussent	battu

CONDITIONNEL

Présent		Passé	
je battrais	[batrɛ]	aurais	battu
tu battrais	[batrɛ]	aurais	battu
il battrait	[batrɛ]	aurait	battu
ns battrions	[batrijɔ̃]	aurions	battu
vs battriez	[batrije]	auriez	battu
ils battraient	[batrɛ]	auraient	battu

IMPÉRATIF

Présent		Passé	
bats	[ba]	aie	battu
battons	[batɔ̃]	ayons	battu
battez	[bate]	ayez	battu

84 mettre

INFINITIF

Présent	Passé
mettre	avoir mis
[mɛtr]	[avwarmi]

PARTICIPE

Présent	Passé
mettant	mis, e
[metɑ̃]	[mi, -iz]

INDICATIF

Présent

je	mets	[mɛ]
tu	mets	[mɛ]
il	met	[mɛ]
ns	mettons	[metɔ̃]
vs	mettez	[mete]
ils	mettent	[mɛt]

Passé composé

ai	mis
as	mis
a	mis
avons	mis
avez	mis
ont	mis

SUBJONCTIF

Présent

q.	je	mette	[mɛt]
	tu	mettes	[mɛt]
	il	mette	[mɛt]
	ns	mettions	[metjɔ̃]
	vs	mettiez	[metje]
	ils	mettent	[mɛt]

Passé

aie	mis
aies	mis
ait	mis
ayons	mis
ayez	mis
aient	mis

Imparfait

je	mettais	[metɛ]
tu	mettais	[metɛ]
il	mettait	[metɛ]
ns	mettions	[metjɔ̃]
vs	mettiez	[metje]
ils	mettaient	[metɛ]

Plus-que-parfait

avais	mis
avais	mis
avait	mis
avions	mis
aviez	mis
avaient	mis

Imparfait

q.	je	misse	[mis]
	tu	misses	[mis]
	il	mît	[mi]
	ns	missions	[misjɔ̃]
	vs	missiez	[misje]
	ils	missent	[mis]

Plus-que-parfait

eusse	mis
eusses	mis
eût	mis
eussions	mis
eussiez	mis
eussent	mis

Futur simple

je	mettrai	[metre]
tu	mettras	[metra]
il	mettra	[metra]
ns	mettrons	[metrɔ̃]
vs	mettrez	[metre]
ils	mettront	[metrɔ̃]

Futur antérieur

aurai	mis
auras	mis
aura	mis
aurons	mis
aurez	mis
auront	mis

CONDITIONNEL

Présent

je	mettrais	[metrɛ]
tu	mettrais	[metrɛ]
il	mettrait	[metrɛ]
ns	mettrions	[metrijɔ̃]
vs	mettriez	[metrije]
ils	mettraient	[metrɛ]

Passé

aurais	mis
aurais	mis
aurait	mis
aurions	mis
auriez	mis
auraient	mis

Passé simple

je	mis	[mi]
tu	mis	[mi]
il	mit	[mi]
ns	mîmes	[mim]
vs	mîtes	[mit]
ils	mirent	[mir]

Passé antérieur

eus	mis
eus	mis
eut	mis
eûmes	mis
eûtes	mis
eurent	mis

IMPÉRATIF

Présent

mets	[mɛ]
mettons	[metɔ̃]
mettez	[mete]

Passé

aie	mis
ayons	mis
ayez	mis

85 moudre

── INFINITIF ──

Présent	Passé
moudre [mudr]	avoir moulu [avwarmuly]

── PARTICIPE ──

Présent	Passé
moulant [mulɑ̃]	moulu, e [muly]

── INDICATIF ──

Présent		Passé composé	
je	mouds [mu]	ai	moulu
tu	mouds [mu]	as	moulu
il	moud [mu]	a	moulu
ns	moulons [mulɔ̃]	avons	moulu
vs	moulez [mule]	avez	moulu
ils	moulent [mul]	ont	moulu

── SUBJONCTIF ──

Présent		Passé	
q. je	moule [mul]	aie	moulu
tu	moules [mul]	aies	moulu
il	moule [mul]	ait	moulu
ns	moulions [muljɔ̃]	ayons	moulu
vs	mouliez [mulje]	ayez	moulu
ils	moulent [mul]	aient	moulu

Imparfait		Plus-que-parfait	
je	moulais [mulɛ]	avais	moulu
tu	moulais [mulɛ]	avais	moulu
il	moulait [mulɛ]	avait	moulu
ns	moulions [muljɔ̃]	avions	moulu
vs	mouliez [mulje]	aviez	moulu
ils	moulaient [mulɛ]	avaient	moulu

Imparfait		Plus-que-parfait	
q. je	moulusse [mulys]	eusse	moulu
tu	moulusses [mulys]	eusses	moulu
il	moulût [muly]	eût	moulu
ns	moulussions [mulysjɔ̃]	eussions	moulu
vs	moulussiez [mulysje]	eussiez	moulu
ils	moulussent [mulys]	eussent	moulu

Futur simple		Futur antérieur	
je	moudrai [mudre]	aurai	moulu
tu	moudras [mudra]	auras	moulu
il	moudra [mudra]	aura	moulu
ns	moudrons [mudrɔ̃]	aurons	moulu
vs	moudrez [mudre]	aurez	moulu
ils	moudront [mudrɔ̃]	auront	moulu

── CONDITIONNEL ──

Présent		Passé	
je	moudrais [mudrɛ]	aurais	mou
tu	moudrais [mudrɛ]	aurais	mou
il	moudrait [mudrɛ]	aurait	mou
ns	moudrions [mudrijɔ̃]	aurions	mou
vs	moudriez [mudrije]	auriez	mou
ils	moudraient [mudrɛ]	auraient	mou

Passé simple		Passé antérieur	
je	moulus [muly]	eus	moulu
tu	moulus [muly]	eus	moulu
il	moulut [muly]	eut	moulu
ns	moulûmes [mulym]	eûmes	moulu
vs	moulûtes [mulyt]	eûtes	moulu
ils	moulurent [mulyr]	eurent	moulu

── IMPÉRATIF ──

Présent		Passé	
mouds [mu]		aie	mou
moulons [mulɔ̃]		ayons	mou
moulez [mule]		ayez	mou

86 coudre

INFINITIF

Présent	Passé
coudre	avoir cousu
[kudr]	[avwarkuzy]

PARTICIPE

Présent	Passé
cousant	cousu, e
[kuzɑ̃]	[kuzy]

INDICATIF

Présent

			Passé composé	
je	couds	[ku]	ai	cousu
tu	couds	[ku]	as	cousu
il	coud	[ku]	a	cousu
ns	cousons	[kuzɔ̃]	avons	cousu
vs	cousez	[kuze]	avez	cousu
ils	cousent	[kuz]	ont	cousu

Imparfait

			Plus-que-parfait	
je	cousais	[kuzɛ]	avais	cousu
tu	cousais	[kuzɛ]	avais	cousu
il	cousait	[kuzɛ]	avait	cousu
ns	cousions	[kuzjɔ̃]	avions	cousu
vs	cousiez	[kuzje]	aviez	cousu
ils	cousaient	[kuzɛ]	avaient	cousu

Futur simple

			Futur antérieur	
je	coudrai	[kudre]	aurai	cousu
tu	coudras	[kudra]	auras	cousu
il	coudra	[kudra]	aura	cousu
ns	coudrons	[kudrɔ̃]	aurons	cousu
vs	coudrez	[kudre]	aurez	cousu
ils	coudront	[kudrɔ̃]	auront	cousu

Passé simple

			Passé antérieur	
je	cousis	[kuzi]	eus	cousu
tu	cousis	[kuzi]	eus	cousu
il	cousit	[kuzi]	eut	cousu
ns	cousîmes	[kuzim]	eûmes	cousu
vs	cousîtes	[kuzit]	eûtes	cousu
ils	cousirent	[kuzir]	eurent	cousu

SUBJONCTIF

Présent

			Passé	
q. je	couse	[kuz]	aie	cousu
tu	couses	[kuz]	aies	cousu
il	couse	[kuz]	ait	cousu
ns	cousions	[kuzjɔ̃]	ayons	cousu
vs	cousiez	[kuzje]	ayez	cousu
ils	cousent	[kuz]	aient	cousu

Imparfait

			Plus-que-parfait	
q. je	cousisse	[kuzis]	eusse	cousu
tu	cousisses	[kuzis]	eusses	cousu
il	cousît	[kuzi]	eût	cousu
ns	cousissions	[kuzisjɔ̃]	eussions	cousu
vs	cousissiez	[kuzisje]	eussiez	cousu
ils	cousissent	[kuzis]	eussent	cousu

CONDITIONNEL

Présent

			Passé	
je	coudrais	[kudrɛ]	aurais	cousu
tu	coudrais	[kudrɛ]	aurais	cousu
il	coudrait	[kudrɛ]	aurait	cousu
ns	coudrions	[kudrijɔ̃]	aurions	cousu
vs	coudriez	[kudrije]	auriez	cousu
ils	coudraient	[kudrɛ]	auraient	cousu

IMPÉRATIF

Présent

		Passé	
couds	[ku]	aie	cousu
cousons	[kuzɔ̃]	ayons	cousu
cousez	[kuze]	ayez	cousu

87 absoudre

__ INFINITIF __

Présent	Passé
absoudre	avoir absous
[apsudr]	[avwarapsu]

__ PARTICIPE __

Présent	Passé
absolvant	absous, oute
[apsɔlvɑ̃]	[apsu, -ut]

__ INDICATIF __

	Présent			Passé composé
j'	absous	[-u]	ai	absous
tu	absous	[-u]	as	absous
il	absout	[-u]	a	absous
ns	absolvons	[-ɔlvɔ̃]	avons	absous
vs	absolvez	[-ɔlve]	avez	absous
ils	absolvent	[-ɔlv]	ont	absous

__ SUBJONCTIF __

		Présent			Passé
q.	j'	absolve	[-ɔlv]	aie	absous
	tu	absolves	[-ɔlv]	aies	absous
	il	absolve	[-ɔlv]	ait	absous
	ns	absolvions	[-ɔlvjɔ̃]	ayons	absous
	vs	absolviez	[-ɔlvje]	ayez	absous
	ils	absolvent	[-ɔlv]	aient	absous

	Imparfait			Plus-que-parfait
j'	absolvais	[-ɔlvɛ]	avais	absous
tu	absolvais	[-ɔlvɛ]	avais	absous
il	absolvait	[-ɔlvɛ]	avait	absous
ns	absolvions	[-ɔlvjɔ̃]	avions	absous
vs	absolviez	[-ɔlvje]	aviez	absous
ils	absolvaient	[-ɔlvɛ]	avaient	absous

		Imparfait			Plus-que-parfait
q.	j'	absolusse	[-ɔlys]	eusse	absous
	tu	absolusses	[-ɔlys]	eusses	absous
	il	absolût	[-ɔly]	eût	absous
	ns	absolussions	[-ɔlysjɔ̃]	eussions	absous
	vs	absolussiez	[-ɔlysje]	eussiez	absous
	ils	absolussent	[-ɔlys]	eussent	absous

	Futur simple			Futur antérieur
j'	absoudrai	[-udre]	aurai	absous
tu	absoudras	[-udra]	auras	absous
il	absoudra	[-udra]	aura	absous
ns	absoudrons	[-udrɔ̃]	aurons	absous
vs	absoudrez	[-udre]	aurez	absous
ils	absoudront	[-udrɔ̃]	auront	absous

__ CONDITIONNEL __

	Présent			Passé
j'	absoudrais	[-udrɛ]	aurais	absous
tu	absoudrais	[-udrɛ]	aurais	absous
il	absoudrait	[-udrɛ]	aurait	absous
ns	absoudrions	[-udrijɔ̃]	aurions	absous
vs	absoudriez	[-udrije]	auriez	absous
ils	absoudraient	[-udrɛ]	auraient	absous

__ IMPÉRATIF __

Présent		Passé	
absous	[-u]	aie	absous
absolvons	[-ɔlvɔ̃]	ayons	absous
absolvez	[-ɔlve]	ayez	absous

	Passé simple			Passé antérieur
j'	absolus	[-ɔly]	eus	absous
tu	absolus	[-ɔly]	eus	absous
il	absolut	[-ɔly]	eut	absous
ns	absolûmes	[-ɔlym]	eûmes	absous
vs	absolûtes	[-ɔlyt]	eûtes	absous
ils	absolurent	[-ɔlyr]	eurent	absous

Remarque : Le passé simple et le subjonctif imparfait, admis par Littré, sont rares.

88 résoudre

INFINITIF

Présent	Passé
résoudre	avoir résolu
[rezudr]	[avwarrezɔly]

PARTICIPE

Présent	Passé
résolvant	résolu, e
[rezɔlvã]	[rezɔly]

INDICATIF

	Présent		Passé composé	
je	résous	[-u]	ai	résolu
tu	résous	[-u]	as	résolu
il	résout	[-u]	a	résolu
ns	résolvons	[-ɔlvɔ̃]	avons	résolu
vs	résolvez	[-ɔlve]	avez	résolu
ils	résolvent	[-ɔlv]	ont	résolu

	Imparfait		Plus-que-parfait	
je	résolvais	[-ɔlvɛ]	avais	résolu
tu	résolvais	[-ɔlvɛ]	avais	résolu
il	résolvait	[-ɔlvɛ]	avait	résolu
ns	résolvions	[-ɔlvjɔ̃]	avions	résolu
vs	résolviez	[-ɔlvje]	aviez	résolu
ils	résolvaient	[-ɔlvɛ]	avaient	résolu

	Futur simple		Futur antérieur	
je	résoudrai	[-udre]	aurai	résolu
tu	résoudras	[-udra]	auras	résolu
il	résoudra	[-udra]	aura	résolu
ns	résoudrons	[-udrɔ̃]	aurons	résolu
vs	résoudrez	[-udre]	aurez	résolu
ils	résoudront	[-udrɔ̃]	auront	résolu

	Passé simple		Passé antérieur	
je	résolus	[-ɔly]	eus	résolu
tu	résolus	[-ɔly]	eus	résolu
il	résolut	[-ɔly]	eut	résolu
ns	résolûmes	[-ɔlym]	eûmes	résolu
vs	résolûtes	[-ɔlyt]	eûtes	résolu
ils	résolurent	[-ɔlyr]	eurent	résolu

SUBJONCTIF

	Présent		Passé	
q. je	résolve	[-ɔlv]	aie	résolu
tu	résolves	[-ɔlv]	aies	résolu
il	résolve	[-ɔlv]	ait	résolu
ns	résolvions	[-ɔlvjɔ̃]	ayons	résolu
vs	résolviez	[-ɔlvje]	ayez	résolu
ils	résolvent	[-ɔlv]	aient	résolu

	Imparfait		Plus-que-parfait	
q. je	résolusse	[-ɔlys]	eusse	résolu
tu	résolusses	[-ɔlys]	eusses	résolu
il	résolût	[-ɔly]	eût	résolu
ns	résolussions	[-ɔlysjɔ̃]	eussions	résolu
vs	résolussiez	[-ɔlysje]	eussiez	résolu
ils	résolussent	[-ɔlys]	eussent	résolu

CONDITIONNEL

	Présent		Passé	
je	résoudrais	[-udrɛ]	aurais	résolu
tu	résoudrais	[-udrɛ]	aurais	résolu
il	résoudrait	[-udrɛ]	aurait	résolu
ns	résoudrions	[-udrijɔ̃]	aurions	résolu
vs	résoudriez	[-udrije]	auriez	résolu
ils	résoudraient	[-udrɛ]	auraient	résolu

IMPÉRATIF

Présent		Passé	
résous	[-u]	aie	résolu
résolvons	[-ɔlvɔ̃]	ayons	résolu
résolvez	[-ɔlve]	ayez	résolu

Remarque : Il existe un part. passé *résous, résoute* (rare), avec le sens de *transformé, e (Un brouillard résous en pluie).*

89 suivre

INFINITIF

Présent	Passé
suivre	avoir suivi
[sɥivr]	[avwarsɥivi]

PARTICIPE

Présent	Passé
suivant	suivi, e
[sɥivã]	[sɥivi]

INDICATIF

Présent

			Passé composé	
je	suis	[sɥi]	ai	suivi
tu	suis	[sɥi]	as	suivi
il	suit	[sɥi]	a	suivi
ns	suivons	[sɥivõ]	avons	suivi
vs	suivez	[sɥive]	avez	suivi
ils	suivent	[sɥiv]	ont	suivi

Imparfait

			Plus-que-parfait	
je	suivais	[sɥivɛ]	avais	suivi
tu	suivais	[sɥivɛ]	avais	suivi
il	suivait	[sɥivɛ]	avait	suivi
ns	suivions	[sɥivjõ]	avions	suivi
vs	suiviez	[sɥivje]	aviez	suivi
ils	suivaient	[sɥivɛ]	avaient	suivi

Futur simple

			Futur antérieur	
je	suivrai	[sɥivre]	aurai	suivi
tu	suivras	[sɥivra]	auras	suivi
il	suivra	[sɥivra]	aura	suivi
ns	suivrons	[sɥivrõ]	aurons	suivi
vs	suivrez	[sɥivre]	aurez	suivi
ils	suivront	[sɥivrõ]	auront	suivi

Passé simple

			Passé antérieur	
je	suivis	[sɥivi]	eus	suivi
tu	suivis	[sɥivi]	eus	suivi
il	suivit	[sɥivi]	eut	suivi
ns	suivîmes	[sɥivim]	eûmes	suivi
vs	suivîtes	[sɥivit]	eûtes	suivi
ils	suivirent	[sɥivir]	eurent	suivi

SUBJONCTIF

Présent

				Passé	
q. je	suive	[sɥiv]		aie	suivi
tu	suives	[sɥiv]		aies	suivi
il	suive	[sɥiv]		ait	suivi
ns	suivions	[sɥivjõ]		ayons	suivi
vs	suiviez	[sɥivje]		ayez	suivi
ils	suivent	[sɥiv]		aient	suivi

Imparfait

			Plus-que-parfait	
q. je	suivisse	[sɥivis]	eusse	suivi
tu	suivisses	[sɥivis]	eusses	suivi
il	suivît	[sɥivi]	eût	suivi
ns	suivissions	[sɥivisjõ]	eussions	suivi
vs	suivissiez	[sɥivisje]	eussiez	suivi
ils	suivissent	[sɥivis]	eussent	suivi

CONDITIONNEL

Présent

			Passé	
je	suivrais	[sɥivrɛ]	aurais	suivi
tu	suivrais	[sɥivrɛ]	aurais	suivi
il	suivrait	[sɥivrɛ]	aurait	suivi
ns	suivrions	[sɥivrijõ]	aurions	suivi
vs	suivriez	[sɥivrije]	auriez	suivi
ils	suivraient	[sɥivrɛ]	auraient	suivi

IMPÉRATIF

Présent

		Passé	
suis	[sɥi]	aie	suivi
suivons	[sɥivõ]	ayons	suivi
suivez	[sɥive]	ayez	suivi

90 vivre

INFINITIF

Présent	Passé
vivre	avoir vécu
[vivr]	[avwarveky]

PARTICIPE

Présent	Passé
vivant	vécu, e
[vivã]	[veky]

INDICATIF

Présent		Passé composé	
je	vis [vi]	ai	vécu
tu	vis [vi]	as	vécu
il	vit [vi]	a	vécu
ns	vivons [vivõ]	avons	vécu
vs	vivez [vive]	avez	vécu
ils	vivent [viv]	ont	vécu

Imparfait		Plus-que-parfait	
je	vivais [vivɛ]	avais	vécu
tu	vivais [vivɛ]	avais	vécu
il	vivait [vivɛ]	avait	vécu
ns	vivions [vivjõ]	avions	vécu
vs	viviez [vivje]	aviez	vécu
ils	vivaient [vivɛ]	avaient	vécu

Futur simple		Futur antérieur	
je	vivrai [vivre]	aurai	vécu
tu	vivras [vivra]	auras	vécu
il	vivra [vivra]	aura	vécu
ns	vivrons [vivrõ]	aurons	vécu
vs	vivrez [vivre]	aurez	vécu
ils	vivront [vivrõ]	auront	vécu

Passé simple		Passé antérieur	
je	vécus [veky]	eus	vécu
tu	vécus [veky]	eus	vécu
il	vécut [veky]	eut	vécu
ns	vécûmes [vekym]	eûmes	vécu
vs	vécûtes [vekyt]	eûtes	vécu
ils	vécurent [vekyr]	eurent	vécu

SUBJONCTIF

Présent		Passé	
q. je	vive [viv]	aie	vécu
tu	vives [viv]	aies	vécu
il	vive [viv]	ait	vécu
ns	vivions [vivjõ]	ayons	vécu
vs	viviez [vivje]	ayez	vécu
ils	vivent [viv]	aient	vécu

Imparfait		Plus-que-parfait	
q. je	vécusse [vekys]	eusse	vécu
tu	vécusses [vekys]	eusses	vécu
il	vécût [veky]	eût	vécu
ns	vécussions [vekysjõ]	eussions	vécu
vs	vécussiez [vekysje]	eussiez	vécu
ils	vécussent [vekys]	eussent	vécu

CONDITIONNEL

Présent		Passé	
je	vivrais [vivrɛ]	aurais	vécu
tu	vivrais [vivrɛ]	aurais	vécu
il	vivrait [vivrɛ]	aurait	vécu
ns	vivrions [vivrijõ]	aurions	vécu
vs	vivriez [vivrije]	auriez	vécu
ils	vivraient [vivrɛ]	auraient	vécu

IMPÉRATIF

Présent		Passé	
vis	[vi]	aie	vécu
vivons	[vivõ]	ayons	vécu
vivez	[vive]	ayez	vécu

Remarque : *Survivre* se conjugue sur *vivre* mais son participe passé est toujours invariable.

91 paraître

— INFINITIF —

	Présent	Passé
	paraître	avoir paru
	[parɛtr]	[avwarpary]

— PARTICIPE —

	Présent	Passé
	paraissant	paru, e
	[paresɑ̃]	[pary]

— INDICATIF —

	Présent			Passé composé	
je	parais	[-rɛ]		ai	paru
tu	parais	[-rɛ]		as	paru
il	paraît	[-rɛ]		a	paru
ns	paraissons	[-resɔ̃]		avons	paru
vs	paraissez	[-rese]		avez	paru
ils	paraissent	[-rɛs]		ont	paru

— SUBJONCTIF —

		Présent			Passé	
q.	je	paraisse	[-rɛs]		aie	paru
	tu	paraisses	[-rɛs]		aies	paru
	il	paraisse	[-rɛs]		ait	paru
	ns	paraissions	[-resjɔ̃]		ayons	paru
	vs	paraissiez	[-resje]		ayez	paru
	ils	paraissent	[-rɛs]		aient	paru

	Imparfait			Plus-que-parfait	
je	paraissais	[-resɛ]		avais	paru
tu	paraissais	[-resɛ]		avais	paru
il	paraissait	[-resɛ]		avait	paru
ns	paraissions	[-resjɔ̃]		avions	paru
vs	paraissiez	[-resje]		aviez	paru
ils	paraissaient	[-resɛ]		avaient	paru

		Imparfait			Plus-que-parfait	
q.	je	parusse	[-rys]		eusse	paru
	tu	parusses	[-rys]		eusses	paru
	il	parût	[-ry]		eût	paru
	ns	parussions	[-rysjɔ̃]		eussions	paru
	vs	parussiez	[-rysje]		eussiez	paru
	ils	parussent	[-rys]		eussent	paru

	Futur simple			Futur antérieur	
je	paraîtrai	[-retre]		aurai	paru
tu	paraîtras	[-retra]		auras	paru
il	paraîtra	[-retra]		aura	paru
ns	paraîtrons	[-retrɔ̃]		aurons	paru
vs	paraîtrez	[-retre]		aurez	paru
ils	paraîtront	[-retrɔ̃]		auront	paru

— CONDITIONNEL —

	Présent			Passé	
je	paraîtrais	[-retrɛ]		aurais	paru
tu	paraîtrais	[-retrɛ]		aurais	paru
il	paraîtrait	[-retrɛ]		aurait	paru
ns	paraîtrions	[-retrijɔ̃]		aurions	paru
vs	paraîtriez	[-retrije]		auriez	paru
ils	paraîtraient	[-retrɛ]		auraient	paru

— IMPÉRATIF —

	Présent			Passé	
	parais	[-rɛ]		aie	paru
	paraissons	[-resɔ̃]		ayons	paru
	paraissez	[-rese]		ayez	paru

	Passé simple			Passé antérieur	
je	parus	[-ry]		eus	paru
tu	parus	[-ry]		eus	paru
il	parut	[-ry]		eut	paru
ns	parûmes	[-rym]		eûmes	paru
vs	parûtes	[-ryt]		eûtes	paru
ils	parurent	[-ryr]		eurent	paru

92 naître

INFINITIF

Présent

naître
[nɛtr]

Passé

être né
[ɛtrəne]

PARTICIPE

Présent

naissant
[nesã]

Passé

né, e
[ne]

INDICATIF

Présent

je	nais	[nɛ]
tu	nais	[nɛ]
il	naît	[nɛ]
ns	naissons	[nesõ]
vs	naissez	[nese]
ils	naissent	[nɛs]

Passé composé

suis	né
es	né
est	né
sommes	nés
êtes	nés
sont	nés

Imparfait

je	naissais	[nesɛ]
tu	naissais	[nesɛ]
il	naissait	[nesɛ]
ns	naissions	[nesjõ]
vs	naissiez	[nesje]
ils	naissaient	[nesɛ]

Plus-que-parfait

étais	né
étais	né
était	né
étions	nés
étiez	nés
étaient	nés

Futur simple

je	naîtrai	[netre]
tu	naîtras	[netra]
il	naîtra	[netra]
ns	naîtrons	[netrõ]
vs	naîtrez	[netre]
ils	naîtront	[netrõ]

Futur antérieur

serai	né
seras	né
sera	né
serons	nés
serez	nés
seront	nés

Passé simple

e	naquis	[naki]
u	naquis	[naki]
l	naquit	[naki]
ns	naquîmes	[nakim]
vs	naquîtes	[nakit]
ls	naquirent	[nakir]

Passé antérieur

fus	né
fus	né
fut	né
fûmes	nés
fûtes	nés
furent	nés

SUBJONCTIF

Présent

q. je	naisse	[nɛs]
tu	naisses	[nɛs]
il	naisse	[nɛs]
ns	naissions	[nesjõ]
vs	naissiez	[nesje]
ils	naissent	[nɛs]

Passé

sois	né
sois	né
soit	né
soyons	nés
soyez	nés
soient	nés

Imparfait

q. je	naquisse	[nakis]
tu	naquisses	[nakis]
il	naquît	[naki]
ns	naquissions	[nakisjõ]
vs	naquissiez	[nakisje]
ils	naquissent	[nakis]

Plus-que-parfait

fusse	né
fusses	né
fût	né
fussions	nés
fussiez	nés
fussent	nés

CONDITIONNEL

Présent

je	naîtrais	[netrɛ]
tu	naîtrais	[netrɛ]
il	naîtrait	[netrɛ]
ns	naîtrions	[netrijõ]
vs	naîtriez	[netrije]
ils	naîtraient	[netrɛ]

Passé

serais	né
serais	né
serait	né
serions	nés
seriez	nés
seraient	nés

IMPÉRATIF

Présent

nais	[nɛ]
naissons	[nesõ]
naissez	[nese]

Passé

sois	né
soyons	nés
soyez	nés

101

93 croître

INFINITIF

Présent	Passé
croître	avoir crû
[krwatr]	[avwarkry]

PARTICIPE

Présent	Passé
croissant	crû, crue,
[krwasɑ̃]	crus, crues
	[kry]

INDICATIF

Présent		Passé composé	
je croîs	[krwa]	ai	crû
tu croîs	[krwa]	as	crû
il croît	[krwa]	a	crû
ns croissons	[krwasɔ̃]	avons	crû
vs croissez	[krwase]	avez	crû
ils croissent	[krwas]	ont	crû

Imparfait		Plus-que-parfait	
je croissais	[krwasɛ]	avais	crû
tu croissais	[krwasɛ]	avais	crû
il croissait	[krwasɛ]	avait	crû
ns croissions	[krwasjɔ̃]	avions	crû
vs croissiez	[krwasje]	aviez	crû
ils croissaient	[krwasɛ]	avaient	crû

Futur simple		Futur antérieur	
je croîtrai	[krwatre]	aurai	crû
tu croîtras	[krwatra]	auras	crû
il croîtra	[krwatra]	aura	crû
ns croîtrons	[krwatrɔ̃]	aurons	crû
vs croîtrez	[krwatre]	aurez	crû
ils croîtront	[krwatrɔ̃]	auront	crû

Passé simple		Passé antérieur	
je crûs	[kry]	eus	crû
tu crûs	[kry]	eus	crû
il crût	[kry]	eut	crû
ns crûmes	[krym]	eûmes	crû
vs crûtes	[kryt]	eûtes	crû
ils crûrent	[kryr]	eurent	crû

SUBJONCTIF

Présent		Passé	
q. je croisse	[krwas]	aie	crû
tu croisses	[krwas]	aies	crû
il croisse	[krwas]	ait	crû
ns croissions	[krwasjɔ̃]	ayons	crû
vs croissiez	[krwasje]	ayez	crû
ils croissent	[krwas]	aient	crû

Imparfait		Plus-que-parfait	
q. je crûsse	[krys]	eusse	crû
tu crûsses	[krys]	eusses	crû
il crût	[kry]	eût	crû
ns crûssions	[krysjɔ̃]	eussions	crû
vs crûssiez	[krysje]	eussiez	crû
ils crûssent	[krys]	eussent	crû

CONDITIONNEL

Présent		Passé	
je croîtrais	[krwatrɛ]	aurais	crû
tu croîtrais	[krwatrɛ]	aurais	crû
il croîtrait	[krwatrɛ]	aurait	crû
ns croîtrions	[krwatrijɔ̃]	aurions	crû
vs croîtriez	[krwatrije]	auriez	crû
ils croîtraient	[krwatrɛ]	auraient	crû

IMPÉRATIF

Présent		Passé	
croîs	[krwa]	aie	crû
croissons	[krwasɔ̃]	ayons	crû
croissez	[krwase]	ayez	crû

Remarque : L'Académie écrit *crusse, crusses, crussions, crussiez, crussent* (sans accent circonflexe).

94 accroître

—INFINITIF—

Présent	Passé
accroître	avoir accru
[akrwatr]	[avwarakry]

—PARTICIPE—

Présent	Passé
accroissant	accru, e
[akrwasɑ̃]	[akry]

—INDICATIF—

Présent		Passé composé	
j' accrois	[-krwa]	ai	accru
tu accrois	[-krwa]	as	accru
il accroît	[-krwa]	a	accru
ns accroissons	[-krwasɔ̃]	avons	accru
vs accroissez	[-krwase]	avez	accru
ils accroissent	[-krwas]	ont	accru

Imparfait		Plus-que-parfait	
j' accroissais	[-krwasɛ]	avais	accru
tu accroissais	[-krwasɛ]	avais	accru
il accroissait	[-krwasɛ]	avait	accru
ns accroissions	[-krwasjɔ̃]	avions	accru
vs accroissiez	[-krwasje]	aviez	accru
ils accroissaient	[-krwasɛ]	avaient	accru

Futur simple		Futur antérieur	
j' accroîtrai	[-krwatre]	aurai	accru
tu accroîtras	[-krwatra]	auras	accru
il accroîtra	[-krwatra]	aura	accru
ns accroîtrons	[-krwatrɔ̃]	aurons	accru
vs accroîtrez	[-krwatre]	aurez	accru
ils accroîtront	[-krwatrɔ̃]	auront	accru

Passé simple		Passé antérieur	
j' accrus	[-kry]	eus	accru
tu accrus	[-kry]	eus	accru
il accrut	[-kry]	eut	accru
ns accrûmes	[-krym]	eûmes	accru
vs accrûtes	[-kryt]	eûtes	accru
ils accrurent	[-kryr]	eurent	accru

—SUBJONCTIF—

Présent		Passé	
q. j' accroisse	[-krwas]	aie	accru
tu accroisses	[-krwas]	aies	accru
il accroisse	[-krwas]	ait	accru
ns accroissions	[-krwasjɔ̃]	ayons	accru
vs accroissiez	[-krwasje]	ayez	accru
ils accroissent	[-krwas]	aient	accru

Imparfait		Plus-que-parfait	
q. j' accrusse	[-krys]	eusse	accru
tu accrusses	[-krys]	eusses	accru
il accrût	[-kry]	eût	accru
ns accrussions	[-krysjɔ̃]	eussions	accru
vs accrussiez	[-krysje]	eussiez	accru
ils accrussent	[-krys]	eussent	accru

—CONDITIONNEL—

Présent		Passé	
j' accroîtrais	[-krwatrɛ]	aurais	accru
tu accroîtrais	[-krwatrɛ]	aurais	accru
il accroîtrait	[-krwatrɛ]	aurait	accru
ns accroîtrions	[-krwatrijɔ̃]	aurions	accru
vs accroîtriez	[-krwatrije]	auriez	accru
ils accroîtraient	[-krwatrɛ]	auraient	accru

—IMPÉRATIF—

Présent		Passé	
accrois	[-krwa]	aie	accru
accroissons	[-krwasɔ̃]	ayons	accru
accroissez	[-krwase]	ayez	accru

Remarque : *Recroître* se conjugue comme *accroître*, mais son part. passé est *recrû, recrue, recrus, recrues.*

95 rire

INFINITIF

Présent	Passé
rire	avoir ri
[rir]	[avwarri]

PARTICIPE

Présent	Passé
riant	ri
[rijɑ̃]	[ri]

INDICATIF

Présent

je	ris	[ri]
tu	ris	[ri]
il	rit	[ri]
ns	rions	[rijɔ̃]
vs	riez	[rije]
ils	rient	[ri]

Passé composé

ai	ri
as	ri
a	ri
avons	ri
avez	ri
ont	ri

Imparfait

je	riais	[rijɛ]
tu	riais	[rijɛ]
il	riait	[rijɛ]
ns	riions	[rijjɔ̃]
vs	riiez	[rijje]
ils	riaient	[rijɛ]

Plus-que-parfait

avais	ri
avais	ri
avait	ri
avions	ri
aviez	ri
avaient	ri

Futur simple

je	rirai	[rire]
tu	riras	[rira]
il	rira	[rira]
ns	rirons	[rirɔ̃]
vs	rirez	[rire]
ils	riront	[rirɔ̃]

Futur antérieur

aurai	ri
auras	ri
aura	ri
aurons	ri
aurez	ri
auront	ri

Passé simple

je	ris	[ri]
tu	ris	[ri]
il	rit	[ri]
ns	rîmes	[rim]
vs	rîtes	[rit]
ils	rirent	[rir]

Passé antérieur

eus	ri
eus	ri
eut	ri
eûmes	ri
eûtes	ri
eurent	ri

SUBJONCTIF

Présent

q. je	rie	[ri]
tu	ries	[ri]
il	rie	[ri]
ns	riions	[rijjɔ̃]
vs	riiez	[rijje]
ils	rient	[ri]

Passé

aie	ri
aies	ri
ait	ri
ayons	ri
ayez	ri
aient	ri

Imparfait

q. je	risse	[ris]
tu	risses	[ris]
il	rît	[ri]
ns	rissions	[risjɔ̃]
vs	rissiez	[risje]
ils	rissent	[ris]

Plus-que-parfait

eusse	ri
eusses	ri
eût	ri
eussions	ri
eussiez	ri
eussent	ri

CONDITIONNEL

Présent

je	rirais	[rirɛ]
tu	rirais	[rirɛ]
il	rirait	[rirɛ]
ns	ririons	[rirjɔ̃]
vs	ririez	[rirje]
ils	riraient	[rirɛ]

Passé

aurais	ri
aurais	ri
aurait	ri
aurions	ri
auriez	ri
auraient	ri

IMPÉRATIF

Présent

ris	[ri]
rions	[rijɔ̃]
riez	[rije]

Passé

aie	ri
ayons	ri
ayez	ri

96 conclure

INFINITIF

Présent	Passé
conclure	avoir conclu
[kɔ̃klyr]	[avwarkɔ̃kly]

PARTICIPE

Présent	Passé
concluant	conclu, e
[kɔ̃klyɑ̃]	[kɔ̃kly]

INDICATIF

Présent		Passé composé	
je conclus	[-kly]	ai	conclu
tu conclus	[-kly]	as	conclu
il conclut	[-kly]	a	conclu
ns concluons	[-klyɔ̃]	avons	conclu
vs concluez	[-klye]	avez	conclu
ils concluent	[-kly]	ont	conclu

Imparfait		Plus-que-parfait	
je concluais	[-klyɛ]	avais	conclu
tu concluais	[-klyɛ]	avais	conclu
il concluait	[-klyɛ]	avait	conclu
ns concluions	[-klyjɔ̃]	avions	conclu
vs concluiez	[-klyje]	aviez	conclu
ils concluaient	[-klyɛ]	avaient	conclu

Futur simple		Futur antérieur	
je conclurai	[-klyre]	aurai	conclu
tu concluras	[-klyra]	auras	conclu
il conclura	[-klyra]	aura	conclu
ns conclurons	[-klyrɔ̃]	aurons	conclu
vs conclurez	[-klyre]	aurez	conclu
ils concluront	[-klyrɔ̃]	auront	conclu

Passé simple		Passé antérieur	
je conclus	[-kly]	eus	conclu
tu conclus	[-kly]	eus	conclu
il conclut	[-kly]	eut	conclu
ns conclûmes	[-klym]	eûmes	conclu
vs conclûtes	[-klyt]	eûtes	conclu
ils conclurent	[-klyr]	eurent	conclu

SUBJONCTIF

Présent		Passé	
q. je conclue	[-kly]	aie	conclu
tu conclues	[-kly]	aies	conclu
il conclue	[-kly]	ait	conclu
ns concluions	[-klyjɔ̃]	ayons	conclu
vs concluiez	[-klyje]	ayez	conclu
ils concluent	[-kly]	aient	conclu

Imparfait		Plus-que-parfait	
q. je conclusse	[-klys]	eusse	conclu
tu conclusses	[-klys]	eusses	conclu
il conclût	[-kly]	eût	conclu
ns conclussions	[-klysjɔ̃]	eussions	conclu
vs conclussiez	[-klysje]	eussiez	conclu
ils conclussent	[-klys]	eussent	conclu

CONDITIONNEL

Présent		Passé	
je conclurais	[-klyrɛ]	aurais	conclu
tu conclurais	[-klyrɛ]	aurais	conclu
il conclurait	[-klyrɛ]	aurait	conclu
ns conclurions	[-klyrjɔ̃]	aurions	conclu
vs concluriez	[-klyrje]	auriez	conclu
ils concluraient	[-klyrɛ]	auraient	conclu

IMPÉRATIF

Présent		Passé	
conclus	[-kly]	aie	conclu
concluons	[-klyɔ̃]	ayons	conclu
concluez	[-klye]	ayez	conclu

Remarque : *Inclure, occlure, reclure* se conjuguent comme *conclure*, mais leur participe passé est *inclus, incluse ; occlus, occluse ; reclus, recluse.*

── INFINITIF ──

Présent	Passé
nuire	avoir nui
[nɥir]	[avwarnɥi]

── PARTICIPE ──

Présent	Passé
nuisant	nui
[nɥizɑ̃]	[nɥi]

── INDICATIF ──

Présent		Passé composé	
je nuis	[-ɥi]	ai	nui
tu nuis	[-ɥi]	as	nui
il nuit	[-ɥi]	a	nui
ns nuisons	[-ɥizɔ̃]	avons	nui
vs nuisez	[-ɥize]	avez	nui
ils nuisent	[-ɥiz]	ont	nui

Imparfait		Plus-que-parfait	
je nuisais	[-ɥizɛ]	avais	nui
tu nuisais	[-ɥizɛ]	avais	nui
il nuisait	[-ɥizɛ]	avait	nui
ns nuisions	[-ɥizjɔ̃]	avions	nui
vs nuisiez	[-ɥizje]	aviez	nui
ils nuisaient	[-ɥizɛ]	avaient	nui

Futur simple		Futur antérieur	
je nuirai	[-ɥire]	aurai	nui
tu nuiras	[-ɥira]	auras	nui
il nuira	[-ɥira]	aura	nui
ns nuirons	[-ɥirɔ̃]	aurons	nui
vs nuirez	[-ɥire]	aurez	nui
ils nuiront	[-ɥirɔ̃]	auront	nui

Passé simple		Passé antérieur	
je nuisis	[-ɥizi]	eus	nui
tu nuisis	[-ɥizi]	eus	nui
il nuisit	[-ɥizi]	eut	nui
ns nuisîmes	[-ɥizim]	eûmes	nui
vs nuisîtes	[-ɥizit]	eûtes	nui
ils nuisirent	[-ɥizir]	eurent	nui

── SUBJONCTIF ──

Présent		Passé	
q. je nuise	[-ɥiz]	aie	nui
tu nuises	[-ɥiz]	aies	nui
il nuise	[-ɥiz]	ait	nui
ns nuisions	[-ɥizjɔ̃]	ayons	nui
vs nuisiez	[-ɥizje]	ayez	nui
ils nuisent	[-ɥiz]	aient	nui

Imparfait		Plus-que-parfait	
q. je nuisisse	[-ɥizis]	eusse	nui
tu nuisisses	[-ɥizis]	eusses	nui
il nuisît	[-ɥizi]	eût	nui
ns nuisissions	[-ɥizisjɔ̃]	eussions	nui
vs nuisissiez	[-ɥizisje]	eussiez	nui
ils nuisissent	[-ɥizis]	eussent	nui

── CONDITIONNEL ──

Présent		Passé	
je nuirais	[-ɥirɛ]	aurais	nui
tu nuirais	[-ɥirɛ]	aurais	nui
il nuirait	[-ɥirɛ]	aurait	nui
ns nuirions	[-ɥirjɔ̃]	aurions	nui
vs nuiriez	[-ɥirje]	auriez	nui
ils nuiraient	[-ɥirɛ]	auraient	nui

── IMPÉRATIF ──

Présent		Passé	
nuis	[-ɥi]	aie	nui
nuisons	[-ɥizɔ̃]	ayons	nui
nuisez	[-ɥize]	ayez	nui

Remarque : *Luire* et *reluire* connaissent une autre forme de passé simple *je luis, je reluis,* etc.

98 conduire

INFINITIF

Présent	Passé
conduire	avoir conduit
[kɔ̃dɥir]	[avwarkɔ̃dɥi]

PARTICIPE

Présent	Passé
conduisant	conduit, e
[kɔ̃dɥizɑ̃]	[kɔ̃dɥi, -ɥit]

INDICATIF

	Présent		Passé composé	
je	conduis	[-ɥi]	ai	conduit
tu	conduis	[-ɥi]	as	conduit
il	conduit	[-ɥi]	a	conduit
ns	conduisons	[-ɥizɔ̃]	avons	conduit
vs	conduisez	[-ɥize]	avez	conduit
ils	conduisent	[-ɥiz]	ont	conduit

	Imparfait		Plus-que-parfait	
je	conduisais	[-ɥizɛ]	avais	conduit
tu	conduisais	[-ɥizɛ]	avais	conduit
il	conduisait	[-ɥizɛ]	avait	conduit
ns	conduisions	[-ɥizjɔ̃]	avions	conduit
vs	conduisiez	[-ɥizje]	aviez	conduit
ils	conduisaient	[-ɥizɛ]	avaient	conduit

	Futur simple		Futur antérieur	
je	conduirai	[-ɥire]	aurai	conduit
tu	conduiras	[-ɥira]	auras	conduit
il	conduira	[-ɥira]	aura	conduit
ns	conduirons	[-ɥirɔ̃]	aurons	conduit
vs	conduirez	[-ɥire]	aurez	conduit
ils	conduiront	[-ɥirɔ̃]	auront	conduit

	Passé simple		Passé antérieur	
je	conduisis	[-ɥizi]	eus	conduit
tu	conduisis	[-ɥizi]	eus	conduit
il	conduisit	[-ɥizi]	eut	conduit
ns	conduisîmes	[-ɥizim]	eûmes	conduit
vs	conduisîtes	[-ɥizit]	eûtes	conduit
ils	conduisirent	[-ɥizir]	eurent	conduit

SUBJONCTIF

	Présent		Passé	
q. je	conduise	[-ɥiz]	aie	conduit
tu	conduises	[-ɥiz]	aies	conduit
il	conduise	[-ɥiz]	ait	conduit
ns	conduisions	[-ɥizjɔ̃]	ayons	conduit
vs	conduisiez	[-ɥizje]	ayez	conduit
ils	conduisent	[-ɥiz]	aient	conduit

	Imparfait		Plus-que-parfait	
q. je	conduisisse	[-ɥizis]	eusse	conduit
tu	conduisisses	[-ɥizis]	eusses	conduit
il	conduisît	[-ɥizi]	eût	conduit
ns	conduisissions	[-ɥizisjɔ̃]	eussions	conduit
vs	conduisissiez	[-ɥizisje]	eussiez	conduit
ils	conduisissent	[-ɥizis]	eussent	conduit

CONDITIONNEL

	Présent		Passé	
je	conduirais	[-ɥirɛ]	aurais	conduit
tu	conduirais	[-ɥirɛ]	aurais	conduit
il	conduirait	[-ɥirɛ]	aurait	conduit
ns	conduirions	[-ɥirjɔ̃]	aurions	conduit
vs	conduiriez	[-ɥirje]	auriez	conduit
ils	conduiraient	[-ɥirɛ]	auraient	conduit

IMPÉRATIF

Présent		Passé	
conduis	[-ɥi]	aie	conduit
conduisons	[-ɥizɔ̃]	ayons	conduit
conduisez	[-ɥize]	ayez	conduit

— INFINITIF —

Présent	Passé
écrire	avoir écrit
[ekrir]	[avwarekri]

— PARTICIPE —

Présent	Passé
écrivant	écrit, e
[ekrivã]	[ecri, -it]

— INDICATIF —

Présent		Passé composé	
j' écris	[-i]	ai	écrit
tu écris	[-i]	as	écrit
il écrit	[-i]	a	écrit
ns écrivons	[-ivɔ̃]	avons	écrit
vs écrivez	[-ive]	avez	écrit
ils écrivent	[-iv]	ont	écrit

Imparfait		Plus-que-parfait	
j' écrivais	[-ivɛ]	avais	écrit
tu écrivais	[-ivɛ]	avais	écrit
il écrivait	[-ivɛ]	avait	écrit
ns écrivions	[-ivjɔ̃]	avions	écrit
vs écriviez	[-ivje]	aviez	écrit
ils écrivaient	[-ivɛ]	avaient	écrit

Futur simple		Futur antérieur	
j' écrirai	[-ire]	aurai	écrit
tu écriras	[-ira]	auras	écrit
il écrira	[-ira]	aura	écrit
ns écrirons	[-irɔ̃]	aurons	écrit
vs écrirez	[-ire]	aurez	écrit
ils écriront	[-irɔ̃]	auront	écrit

Passé simple		Passé antérieur	
j' écrivis	[-ivi]	eus	écrit
tu écrivis	[-ivi]	eus	écrit
il écrivit	[-ivi]	eut	écrit
ns écrivîmes	[-ivim]	eûmes	écrit
vs écrivîtes	[-ivit]	eûtes	écrit
ils écrivirent	[-ivir]	eurent	écrit

— SUBJONCTIF —

Présent		Passé	
q. j' écrive	[-iv]	aie	écrit
tu écrives	[-iv]	aies	écrit
il écrive	[-iv]	ait	écrit
ns écrivions	[-ivjɔ̃]	ayons	écrit
vs écriviez	[-ivje]	ayez	écrit
ils écrivent	[-iv]	aient	écrit

Imparfait		Plus-que-parfait	
q. j' écrivisse	[-ivis]	eusse	écrit
tu écrivisses	[-ivis]	eusses	écrit
il écrivît	[-ivi]	eût	écrit
ns écrivissions	[-ivisjɔ̃]	eussions	écrit
vs écrivissiez	[-ivisje]	eussiez	écrit
ils écrivissent	[-ivis]	eussent	écrit

— CONDITIONNEL —

Présent		Passé	
j' écrirais	[-irɛ]	aurais	écrit
tu écrirais	[-irɛ]	aurais	écrit
il écrirait	[-irɛ]	aurait	écrit
ns écririons	[-irjɔ̃]	aurions	écrit
vs écririez	[-irje]	auriez	écrit
ils écriraient	[-irɛ]	auraient	écrit

— IMPÉRATIF —

Présent		Passé	
écris	[-i]	aie	écrit
écrivons	[-ivɔ̃]	ayons	écrit
écrivez	[-ive]	ayez	écrit

100 suffire

__ INFINITIF __

Présent	Passé
suffire [syfir]	avoir suffi [avwarsyfi]

__ PARTICIPE __

Présent	Passé
suffisant [syfizɑ̃]	suffi [syfi]

__ INDICATIF __

Présent		Passé composé	
je suffis	[-i]	ai	suffi
tu suffis	[-i]	as	suffi
il suffit	[-i]	a	suffi
ns suffisons	[-izɔ̃]	avons	suffi
vs suffisez	[-ize]	avez	suffi
ils suffisent	[-iz]	ont	suffi

Imparfait		Plus-que-parfait	
je suffisais	[-izɛ]	avais	suffi
tu suffisais	[-izɛ]	avais	suffi
il suffisait	[-izɛ]	avait	suffi
ns suffisions	[-izjɔ̃]	avions	suffi
vs suffisiez	[-izje]	aviez	suffi
ils suffisaient	[-izɛ]	avaient	suffi

Futur simple		Futur antérieur	
je suffirai	[-ire]	aurai	suffi
tu suffiras	[-ira]	auras	suffi
il suffira	[-ira]	aura	suffi
ns suffirons	[-irɔ̃]	aurons	suffi
vs suffirez	[-ire]	aurez	suffi
ils suffiront	[-irɔ̃]	auront	suffi

Passé simple		Passé antérieur	
je suffis	[-i]	eus	suffi
tu suffis	[-i]	eus	suffi
il suffit	[-i]	eut	suffi
ns suffîmes	[-im]	eûmes	suffi
vs suffîtes	[-it]	eûtes	suffi
ils suffirent	[-ir]	eurent	suffi

__ SUBJONCTIF __

Présent		Passé	
q. je suffise	[-íz]	aie	suffi
tu suffises	[-iz]	aies	suffi
il suffise	[-iz]	ait	suffi
ns suffisions	[-izjɔ̃]	ayons	suffi
vs suffisiez	[-izje]	ayez	suffi
ils suffisent	[-iz]	aient	suffi

Imparfait		Plus-que-parfait	
q. je suffisse	[-is]	eusse	suffi
tu suffisses	[-is]	eusses	suffi
il suffît	[-i]	eût	suffi
ns suffissions	[-isjɔ̃]	eussions	suffi
vs suffissiez	[-isje]	eussiez	suffi
ils suffissent	[-is]	eussent	suffi

__ CONDITIONNEL __

Présent		Passé	
je suffirais	[-irɛ]	aurais	suffi
tu suffirais	[-irɛ]	aurais	suffi
il suffirait	[-irɛ]	aurait	suffi
ns suffirions	[-irjɔ̃]	aurions	suffi
vs suffiriez	[-irje]	auriez	suffi
ils suffiraient	[-irɛ]	auraient	suffi

__ IMPÉRATIF __

Présent		Passé	
suffis	[-i]	aie	suffi
suffisons	[-izɔ̃]	ayons	suffi
suffisez	[-ize]	ayez	suffi

101 confire

INFINITIF

Présent	Passé
confire [kɔ̃fir]	avoir confit [avwarkɔ̃fi]

PARTICIPE

Présent	Passé
confisant [kɔ̃fizɑ̃]	confit, e [kɔ̃fi, -it]

INDICATIF

Présent

je	confis	[-i]	
tu	confis	[-i]	
il	confit	[-i]	
ns	confisons	[-izɔ̃]	
vs	confisez	[-ize]	
ils	confisent	[-iz]	

Passé composé

ai	confit
as	confit
a	confit
avons	confit
avez	confit
ont	confit

SUBJONCTIF

Présent

q. je	confise	[-iz]	
tu	confises	[-iz]	
il	confise	[-iz]	
ns	confisions	[-izjɔ̃]	
vs	confisiez	[-izje]	
ils	confisent	[-iz]	

Passé

aie	confit
aies	confit
ait	confit
ayons	confit
ayez	confit
aient	confit

Imparfait

je	confisais	[-izɛ]	
tu	confisais	[-izɛ]	
il	confisait	[-izɛ]	
ns	confisions	[-izjɔ̃]	
vs	confisiez	[-izje]	
ils	confisaient	[-izɛ]	

Plus-que-parfait

avais	confit
avais	confit
avait	confit
avions	confit
aviez	confit
avaient	confit

Imparfait

q. je	confisse	[-is]	
tu	confisses	[-is]	
il	confît	[-i]	
ns	confissions	[-isjɔ̃]	
vs	confissiez	[-isje]	
ils	confissent	[-is]	

Plus-que-parfait

eusse	confit
eusses	confit
eût	confit
eussions	confit
eussiez	confit
eussent	confit

Futur simple

je	confirai	[-ire]	
tu	confiras	[-ira]	
il	confira	[-ira]	
ns	confirons	[-irɔ̃]	
vs	confirez	[-ire]	
ils	confiront	[-irɔ̃]	

Futur antérieur

aurai	confit
auras	confit
aura	confit
aurons	confit
aurez	confit
auront	confit

CONDITIONNEL

Présent

je	confirais	[-irɛ]	
tu	confirais	[-irɛ]	
il	confirait	[-irɛ]	
ns	confirions	[-irjɔ̃]	
vs	confiriez	[-irje]	
ils	confiraient	[-irɛ]	

Passé

aurais	confit
aurais	confit
aurait	confit
aurions	confit
auriez	confit
auraient	confit

Passé simple

je	confis	[-i]	
tu	confis	[-i]	
il	confit	[-i]	
ns	confîmes	[-im]	
vs	confîtes	[-it]	
ils	confirent	[-ir]	

Passé antérieur

eus	confit
eus	confit
eut	confit
eûmes	confit
eûtes	confit
eurent	confit

IMPÉRATIF

Présent

confis	[-i]	
confisons	[-izɔ̃]	
confisez	[-ize]	

Passé

aie	confit
ayons	confit
ayez	confit

Remarque : *Circoncire* se conjugue comme *confire*, mais son participe passé est *circoncis, circoncise*.

102 dire

INFINITIF

Présent	Passé
dire	avoir dit
[dir]	[avwardi]

PARTICIPE

Présent	Passé
disant	dit, e
[dizɑ̃]	[di, -it]

INDICATIF

Présent		Passé composé	
je dis	[di]	ai	dit
tu dis	[di]	as	dit
il dit	[di]	a	dit
ns disons	[dizɔ̃]	avons	dit
vs dites	[dit]	avez	dit
ils disent	[diz]	ont	dit

Imparfait		Plus-que-parfait	
je disais	[dizɛ]	avais	dit
tu disais	[dizɛ]	avais	dit
il disait	[dizɛ]	avait	dit
ns disions	[dizjɔ̃]	avions	dit
vs disiez	[dizje]	aviez	dit
ils disaient	[dizɛ]	avaient	dit

Futur simple		Futur antérieur	
je dirai	[dire]	aurai	dit
tu diras	[dira]	auras	dit
il dira	[dira]	aura	dit
ns dirons	[dirɔ̃]	aurons	dit
vs direz	[dire]	aurez	dit
ils diront	[dirɔ̃]	auront	dit

Passé simple		Passé antérieur	
je dis	[di]	eus	dit
tu dis	[di]	eus	dit
il dit	[di]	eut	dit
ns dîmes	[dim]	eûmes	dit
vs dîtes	[dit]	eûtes	dit
ils dirent	[dir]	eurent	dit

SUBJONCTIF

Présent		Passé	
q. je dise	[diz]	aie	dit
tu dises	[diz]	aies	dit
il dise	[diz]	ait	dit
ns disions	[dizjɔ̃]	ayons	dit
vs disiez	[dizje]	ayez	dit
ils disent	[diz]	aient	dit

Imparfait		Plus-que-parfait	
q. je disse	[dis]	eusse	dit
tu disses	[dis]	eusses	dit
il dît	[di]	eût	dit
ns dissions	[disjɔ̃]	eussions	dit
vs dissiez	[disje]	eussiez	dit
ils dissent	[dis]	eussent	dit

CONDITIONNEL

Présent		Passé	
je dirais	[dirɛ]	aurais	dit
tu dirais	[dirɛ]	aurais	dit
il dirait	[dirɛ]	aurait	dit
ns dirions	[dirjɔ̃]	aurions	dit
vs diriez	[dirje]	auriez	dit
ils diraient	[dirɛ]	auraient	dit

IMPÉRATIF

Présent		Passé	
dis	[di]	aie	dit
disons	[dizɔ̃]	ayons	dit
dites	[dit]	ayez	dit

103 contredire

— INFINITIF —

Présent	Passé
contredire [kɔ̃trədir]	avoir contredit [avwarkɔ̃trədi]

— INDICATIF —

Présent

je	contredis	[-i]
tu	contredis	[-i]
il	contredit	[-i]
ns	contredisons	[-izɔ̃]
vs	contredisez	[-ize]
ils	contredisent	[-iz]

Passé composé

ai	contredit
as	contredit
a	contredit
avons	contredit
avez	contredit
ont	contredit

Imparfait

je	contredisais	[-izɛ]
tu	contredisais	[-izɛ]
il	contredisait	[-izɛ]
ns	contredisions	[-izjɔ̃]
vs	contredisiez	[-izje]
ils	contredisaient	[-izɛ]

Plus-que-parfait

avais	contredit
avais	contredit
avait	contredit
avions	contredit
aviez	contredit
avaient	contredit

Futur simple

je	contredirai	[-ire]
tu	contrediras	[-ira]
il	contredira	[-ira]
ns	contredirons	[-irɔ̃]
vs	contredirez	[-ire]
ils	contrediront	[-irɔ̃]

Futur antérieur

aurai	contredit
auras	contredit
aura	contredit
aurons	contredit
aurez	contredit
auront	contredit

Passé simple

je	contredis	[-i]
tu	contredis	[-i]
il	contredit	[-i]
ns	contredîmes	[-im]
vs	contredîtes	[-it]
ils	contredirent	[-ir]

Passé antérieur

eus	contredit
eus	contredit
eut	contredit
eûmes	contredit
eûtes	contredit
eurent	contredit

— PARTICIPE —

Présent	Passé
contredisant [kɔ̃trədizɑ̃]	contredit, e [kɔ̃trədi, -it]

— SUBJONCTIF —

Présent

q. je	contredise	[-iz]
tu	contredises	[-iz]
il	contredise	[-iz]
ns	contredisions	[-izjɔ̃]
vs	contredisiez	[-izje]
ils	contredisent	[-iz]

Passé

aie	contredit
aies	contredit
ait	contredit
ayons	contredit
ayez	contredit
aient	contredit

Imparfait

q. je	contredisse	[-is]
tu	contredisses	[-is]
il	contredît	[-i]
ns	contredissions	[-isjɔ̃]
vs	contredissiez	[-isje]
ils	contredissent	[-is]

Plus-que-parfait

eusse	contredit
eusses	contredit
eût	contredit
eussions	contredit
eussiez	contredit
eussent	contredit

— CONDITIONNEL —

Présent

je	contredirais	[-irɛ]
tu	contredirais	[-irɛ]
il	contredirait	[-irɛ]
ns	contredirions	[-irjɔ̃]
vs	contrediriez	[-irje]
ils	contrediraient	[-irɛ]

Passé

aurais	contredit
aurais	contredit
aurait	contredit
aurions	contredit
auriez	contredit
auraient	contredit

— IMPÉRATIF —

Présent

contredis	[-i]
contredisons	[-izɔ̃]
contredisez	[-ize]

Passé

aie	contredit
ayons	contredit
ayez	contredit

104 maudire

INFINITIF

Présent	Passé
maudire	avoir maudit
[modir]	[avwarmodi]

PARTICIPE

Présent	Passé
maudissant	maudit, e
[modisã]	[modi, -it]

INDICATIF

Présent		Passé composé	
je maudis	[-di]	ai	maudit
tu maudis	[-di]	as	maudit
il maudit	[-di]	a	maudit
ns maudissons	[-disõ]	avons	maudit
vs maudissez	[-dise]	avez	maudit
ils maudissent	[-dis]	ont	maudit

Imparfait		Plus-que-parfait	
je maudissais	[-disɛ]	avais	maudit
tu maudissais	[-disɛ]	avais	maudit
il maudissait	[-disɛ]	avait	maudit
ns maudissions	[-disjõ]	avions	maudit
vs maudissiez	[-disje]	aviez	maudit
ils maudissaient	[-disɛ]	avaient	maudit

Futur simple		Futur antérieur	
je maudirai	[-dire]	aurai	maudit
tu maudiras	[-dira]	auras	maudit
il maudira	[-dira]	aura	maudit
ns maudirons	[-dirõ]	aurons	maudit
vs maudirez	[-dire]	aurez	maudit
ils maudiront	[-dirõ]	auront	maudit

Passé simple		Passé antérieur	
je maudis	[-di]	eus	maudit
tu maudis	[-di]	eus	maudit
il maudit	[-di]	eut	maudit
ns maudîmes	[-dim]	eûmes	maudit
vs maudîtes	[-dit]	eûtes	maudit
ils maudirent	[-dir]	eurent	maudit

SUBJONCTIF

Présent		Passé	
q. je maudisse	[-dis]	aie	maudit
tu maudisses	[-dis]	aies	maudit
il maudisse	[-dis]	ait	maudit
ns maudissions	[-disjõ]	ayons	maudit
vs maudissiez	[-disje]	ayez	maudit
ils maudissent	[-dis]	aient	maudit

Imparfait		Plus-que-parfait	
q. je maudisse	[-dis]	eusse	maudit
tu maudisses	[-dis]	eusses	maudit
il maudît	[-di]	eût	maudit
ns maudissions	[-disjõ]	eussions	maudit
vs maudissiez	[-disje]	eussiez	maudit
ils maudissent	[-dis]	eussent	maudit

CONDITIONNEL

Présent		Passé	
je maudirais	[-dirɛ]	aurais	maudit
tu maudirais	[-dirɛ]	aurais	maudit
il maudirait	[-dirɛ]	aurait	maudit
ns maudirions	[-dirjõ]	aurions	maudit
vs maudiriez	[-dirje]	auriez	maudit
ils maudiraient	[-dirɛ]	auraient	maudit

IMPÉRATIF

Présent		Passé	
maudis	[-di]	aie	maudit
maudissons	[-disõ]	ayons	maudit
maudissez	[-dise]	ayez	maudit

105 bruire

—— INFINITIF

Présent	Passé
bruire	avoir bruit
[bʀɥiʀ]	[avwaʀbʀɥi]

—— PARTICIPE

Présent	Passé
(inusité)	bruit
	[bʀɥi]

—— INDICATIF

Présent			Passé composé	
je	bruis	[bʀɥi]	ai	bruit
tu	bruis	[bʀɥi]	as	bruit
il	bruit	[bʀɥi]	a	bruit
ns	*(inusité)*		avons	bruit
vs	—		avez	bruit
ils	—		ont	bruit

Imparfait			Plus-que-parfait	
je	bruyais	[bʀɥijɛ]	avais	bruit
tu	bruyais	[bʀɥijɛ]	avais	bruit
il	bruyait	[bʀɥijɛ]	avait	bruit
ns	bruyions	[bʀɥijjɔ̃]	avions	bruit
vs	bruyiez	[bʀɥijje]	aviez	bruit
ils	bruyaient	[bʀɥijɛ]	avaient	bruit

Futur simple			Futur antérieur	
je	bruirai	[bʀɥiʀe]	aurai	bruit
tu	bruiras	[bʀɥiʀa]	auras	bruit
il	bruira	[bʀɥiʀa]	aura	bruit
ns	bruirons	[bʀɥiʀɔ̃]	aurons	bruit
vs	bruirez	[bʀɥiʀe]	aurez	bruit
ils	bruiront	[bʀɥiʀɔ̃]	auront	bruit

Passé simple	Passé antérieur
(inusité)	*(inusité)*

—— SUBJONCTIF

	Présent	Passé	
q. je	*(inusité)*	aie	bruit
tu	—	aies	bruit
il	—	ait	bruit
ns	—	ayons	bruit
vs	—	ayez	bruit
ils	—	aient	bruit

Imparfait	Plus-que-parfait
(inusité)	*(inusité)*
—	—
—	—
—	—
—	—
—	—

—— CONDITIONNEL

Présent			Passé	
je	bruirais	[bʀɥiʀɛ]	aurais	bruit
tu	bruirais	[bʀɥiʀɛ]	aurais	bruit
il	bruirait	[bʀɥiʀɛ]	aurait	bruit
ns	bruirions	[bʀɥiʀjɔ̃]	aurions	bruit
vs	bruiriez	[bʀɥiʀje]	auriez	bruit
ils	bruiraient	[bʀɥiʀɛ]	auraient	bruit

—— IMPÉRATIF

Présent	Passé
(inusité)	*(inusité)*

Remarque : Traditionnellement, *bruire* ne connaît que les formes de l'indicatif présent, imparfait (*je bruyais, tu bruyais,* etc.), futur, et les formes du conditionnel ; *bruisser* (conj. 3) tend de plus en plus à supplanter *bruire*, en particulier dans toutes les formes défectives.

106 lire

— INFINITIF —

Présent	Passé
lire	avoir lu
[lir]	[avwarly]

— PARTICIPE —

Présent	Passé
lisant	lu, e
[lizã]	[ly]

— INDICATIF —

Présent

			Passé composé	
je	lis	[li]	ai	lu
tu	lis	[li]	as	lu
il	lit	[li]	a	lu
ns	lisons	[lizõ]	avons	lu
vs	lisez	[lize]	avez	lu
ils	lisent	[liz]	ont	lu

Imparfait

			Plus-que-parfait	
je	lisais	[lizɛ]	avais	lu
tu	lisais	[lizɛ]	avais	lu
il	lisait	[lizɛ]	avait	lu
ns	lisions	[lizjõ]	avions	lu
vs	lisiez	[lizje]	aviez	lu
ils	lisaient	[lizɛ]	avaient	lu

Futur simple

			Futur antérieur	
je	lirai	[lire]	aurai	lu
tu	liras	[lira]	auras	lu
il	lira	[lira]	aura	lu
ns	lirons	[lirõ]	aurons	lu
vs	lirez	[lire]	aurez	lu
ils	liront	[lirõ]	auront	lu

Passé simple

			Passé antérieur	
je	lus	[ly]	eus	lu
tu	lus	[ly]	eus	lu
il	lut	[ly]	eut	lu
ns	lûmes	[lym]	eûmes	lu
vs	lûtes	[lyt]	eûtes	lu
ils	lurent	[lyr]	eurent	lu

— SUBJONCTIF —

Présent

				Passé	
q. je	lise	[liz]	aie	lu
tu	lises	[liz]	aies	lu
il	lise	[liz]	ait	lu
ns	lisions	[lizjõ]	ayons	lu
vs	lisiez	[lizje]	ayez	lu
ils	lisent	[liz]	aient	lu

Imparfait

				Plus-que-parfait	
q. je	lusse	[lys]	eusse	lu
tu	lusses	[lys]	eusses	lu
il	lût	[ly]	eût	lu
ns	lussions	[lysjõ]	eussions	lu
vs	lussiez	[lysje]	eussiez	lu
ils	lussent	[lys]	eussent	lu

— CONDITIONNEL —

Présent

			Passé	
je	lirais	[lirɛ]	aurais	lu
tu	lirais	[lirɛ]	aurais	lu
il	lirait	[lirɛ]	aurait	lu
ns	lirions	[lirjõ]	aurions	lu
vs	liriez	[lirje]	auriez	lu
ils	liraient	[lirɛ]	auraient	lu

— IMPÉRATIF —

Présent

		Passé	
lis	[li]	aie	lu
lisons	[lizõ]	ayons	lu
lisez	[lize]	ayez	lu

115

107 croire

— INFINITIF —

Présent	Passé
croire	avoir cru
[krwar]	[avwarkry]

— INDICATIF —

	Présent		Passé composé	
je	crois	[krwa]	ai	cru
tu	crois	[krwa]	as	cru
il	croit	[krwa]	a	cru
ns	croyons	[krwajõ]	avons	cru
vs	croyez	[krwaje]	avez	cru
ils	croient	[krwa]	ont	cru

	Imparfait		Plus-que-parfait	
je	croyais	[krwajɛ]	avais	cru
tu	croyais	[krwajɛ]	avais	cru
il	croyait	[krwajɛ]	avait	cru
ns	croyions	[krwajjõ]	avions	cru
vs	croyiez	[krwajje]	aviez	cru
ils	croyaient	[krwajɛ]	avaient	cru

	Futur simple		Futur antérieur	
je	croirai	[krware]	aurai	cru
tu	croiras	[krwara]	auras	cru
il	croira	[krwara]	aura	cru
ns	croirons	[krwarõ]	aurons	cru
vs	croirez	[krware]	aurez	cru
ils	croiront	[krwarõ]	auront	cru

	Passé simple		Passé antérieur	
je	crus	[kry]	eus	cru
tu	crus	[kry]	eus	cru
il	crut	[kry]	eut	cru
ns	crûmes	[krym]	eûmes	cru
vs	crûtes	[kryt]	eûtes	cru
ils	crurent	[kryr]	eurent	cru

— PARTICIPE —

Présent	Passé
croyant	cru, e
[krwajã]	[kry]

— SUBJONCTIF —

	Présent		Passé	
q. je	croie	[krwa]	aie	cru
tu	croies	[krwa]	aies	cru
il	croie	[krwa]	ait	cru
ns	croyions	[krwajjõ]	ayons	cru
vs	croyiez	[krwajje]	ayez	cru
ils	croient	[krwa]	aient	cru

	Imparfait		Plus-que-parfait	
q. je	crusse	[krys]	eusse	cru
tu	crusses	[krys]	eusses	cru
il	crût	[kry]	eût	cru
ns	crussions	[krysjõ]	eussions	cru
vs	crussiez	[krysje]	eussiez	cru
ils	crussent	[krys]	eussent	cru

— CONDITIONNEL —

	Présent		Passé	
je	croirais	[krwarɛ]	aurais	cru
tu	croirais	[krwarɛ]	aurais	cru
il	croirait	[krwarɛ]	aurait	cru
ns	croirions	[krwarjõ]	aurions	cru
vs	croiriez	[krwarje]	auriez	cru
ils	croiraient	[krwarɛ]	auraient	cru

— IMPÉRATIF —

Présent		Passé	
crois	[krwa]	aie	cru
croyons	[krwajõ]	ayons	cru
croyez	[krwaje]	ayez	cru

108 boire

—— INFINITIF ——

Présent

boire
[bwar]

Passé

avoir bu
[avwarby]

—— PARTICIPE ——

Présent

buvant
[byvɑ̃]

Passé

bu, e
[by]

—— INDICATIF ——

Présent

je	bois	[bwa]
tu	bois	[bwa]
il	boit	[bwa]
ns	buvons	[byvɔ̃]
vs	buvez	[byve]
ils	boivent	[bwav]

Passé composé

ai	bu
as	bu
a	bu
avons	bu
avez	bu
ont	bu

—— SUBJONCTIF ——

Présent

q. je	boive	[bwav]
tu	boives	[bwav]
il	boive	[bwav]
ns	buvions	[byvjɔ̃]
vs	buviez	[byvje]
ils	boivent	[bwav]

Passé

aie	bu
aies	bu
ait	bu
ayons	bu
ayez	bu
aient	bu

Imparfait

je	buvais	[byvɛ]
tu	buvais	[byvɛ]
il	buvait	[byvɛ]
ns	buvions	[byvjɔ̃]
vs	buviez	[byvje]
ils	buvaient	[byvɛ]

Plus-que-parfait

avais	bu
avais	bu
avait	bu
avions	bu
aviez	bu
avaient	bu

Imparfait

q. je	busse	[bys]
tu	busses	[bys]
il	bût	[by]
ns	bussions	[bysjɔ̃]
vs	bussiez	[bysje]
ils	bussent	[bys]

Plus-que-parfait

eusse	bu
eusses	bu
eût	bu
eussions	bu
eussiez	bu
eussent	bu

—— CONDITIONNEL ——

Futur simple

je	boirai	[bware]
tu	boiras	[bwara]
il	boira	[bwara]
ns	boirons	[bwarɔ̃]
vs	boirez	[bware]
ils	boiront	[bwarɔ̃]

Futur antérieur

aurai	bu
auras	bu
aura	bu
aurons	bu
aurez	bu
auront	bu

Présent

je	boirais	[bwarɛ]
tu	boirais	[bwarɛ]
il	boirait	[bwarɛ]
ns	boirions	[bwarjɔ̃]
vs	boiriez	[bwarje]
ils	boiraient	[bwarɛ]

Passé

aurais	bu
aurais	bu
aurait	bu
aurions	bu
auriez	bu
auraient	bu

—— IMPÉRATIF ——

Passé simple

je	bus	[by]
tu	bus	[by]
il	but	[by]
ns	bûmes	[bym]
vs	bûtes	[byt]
ils	burent	[byr]

Passé antérieur

eus	bu
eus	bu
eut	bu
eûmes	bu
eûtes	bu
eurent	bu

Présent

bois	[bwa]
buvons	[byvɔ̃]
buvez	[byve]

Passé

aie	bu
ayons	bu
ayez	bu

109 faire

INFINITIF

Présent	Passé
faire	avoir fait
[fɛr]	[avwarfɛ]

PARTICIPE

Présent	Passé
faisant	fait, e
[fəzɑ̃]	[fɛ, -ɛt]

INDICATIF

Présent		Passé composé	
je	fais [fɛ]	ai	fait
tu	fais [fɛ]	as	fait
il	fait [fɛ]	a	fait
ns	faisons [fəzɔ̃]	avons	fait
vs	faites [fɛt]	avez	fait
ils	font [fɔ̃]	ont	fait

Imparfait		Plus-que-parfait	
je	faisais [fəzɛ]	avais	fait
tu	faisais [fəzɛ]	avais	fait
il	faisait [fəzɛ]	avait	fait
ns	faisions [fəzjɔ̃]	avions	fait
vs	faisiez [fəzje]	aviez	fait
ils	faisaient [fəzɛ]	avaient	fait

Futur simple		Futur antérieur	
je	ferai [f(ə)re]	aurai	fait
tu	feras [f(ə)ra]	auras	fait
il	fera [f(ə)ra]	aura	fait
ns	ferons [f(ə)rɔ̃]	aurons	fait
vs	ferez [f(ə)re]	aurez	fait
ils	feront [f(ə)rɔ̃]	auront	fait

Passé simple		Passé antérieur	
je	fis [fi]	eus	fait
tu	fis [fi]	eus	fait
il	fit [fi]	eut	fait
ns	fîmes [fim]	eûmes	fait
vs	fîtes [fit]	eûtes	fait
ils	firent [fir]	eurent	fait

SUBJONCTIF

	Présent		Passé	
q. je	fasse [fas]	aie	fait
tu	fasses [fas]	aies	fait
il	fasse [fas]	ait	fait
ns	fassions [fasjɔ̃]	ayons	fait
vs	fassiez [fasje]	ayez	fait
ils	fassent [fas]	aient	fait

	Imparfait		Plus-que-parfait	
q. je	fisse [fis]	eusse	fait
tu	fisses [fis]	eusses	fait
il	fît [fi]	eût	fait
ns	fissions [fisjɔ̃]	eussions	fait
vs	fissiez [fisje]	eussiez	fait
ils	fissent [fis]	eussent	fait

CONDITIONNEL

Présent		Passé	
je	ferais [f(ə)rɛ]	aurais	fait
tu	ferais [f(ə)rɛ]	aurais	fait
il	ferait [f(ə)rɛ]	aurait	fait
ns	ferions [fərjɔ̃]	aurions	fait
vs	feriez [fərje]	auriez	fait
ils	feraient [f(ə)rɛ]	auraient	fait

IMPÉRATIF

Présent		Passé	
fais	[fɛ]	aie	fait
faisons	[fəzɔ̃]	ayons	fait
faites	[fɛt]	ayez	fait

110 plaire

INFINITIF

Présent	Passé
plaire	avoir plu
[plɛr]	[avwarply]

PARTICIPE

Présent	Passé
plaisant	plu
[plezɑ̃]	[ply]

INDICATIF

Présent

			Passé composé	
je	plais	[plɛ]	ai	plu
tu	plais	[plɛ]	as	plu
il	plaît	[plɛ]	a	plu
ns	plaisons	[plezɔ̃]	avons	plu
vs	plaisez	[pleze]	avez	plu
ils	plaisent	[plɛz]	ont	plu

Imparfait

			Plus-que-parfait	
je	plaisais	[plezɛ]	avais	plu
tu	plaisais	[plezɛ]	avais	plu
il	plaisait	[plezɛ]	avait	plu
ns	plaisions	[plezjɔ̃]	avions	plu
vs	plaisiez	[plezje]	aviez	plu
ils	plaisaient	[plezɛ]	avaient	plu

Futur simple

			Futur antérieur	
je	plairai	[plere]	aurai	plu
tu	plairas	[plera]	auras	plu
il	plaira	[plera]	aura	plu
ns	plairons	[plerɔ̃]	aurons	plu
vs	plairez	[plere]	aurez	plu
ils	plairont	[plerɔ̃]	auront	plu

Passé simple

			Passé antérieur	
je	plus	[ply]	eus	plu
tu	plus	[ply]	eus	plu
il	plut	[ply]	eut	plu
ns	plûmes	[plym]	eûmes	plu
vs	plûtes	[plyt]	eûtes	plu
ils	plurent	[plyr]	eurent	plu

SUBJONCTIF

Présent

				Passé	
q. je	plaise	[plɛz]		aie	plu
tu	plaises	[plɛz]		aies	plu
il	plaise	[plɛz]		ait	plu
ns	plaisions	[plezjɔ̃]		ayons	plu
vs	plaisiez	[plezje]		ayez	plu
ils	plaisent	[plɛz]		aient	plu

Imparfait

				Plus-que-parfait	
q. je	plusse	[plys]		eusse	plu
tu	plusses	[plys]		eusses	plu
il	plût	[ply]		eût	plu
ns	plussions	[plysjɔ̃]		eussions	plu
vs	plussiez	[plysje]		eussiez	plu
ils	plussent	[plys]		eussent	plu

CONDITIONNEL

	Présent			Passé	
je	plairais	[plerɛ]		aurais	plu
tu	plairais	[plerɛ]		aurais	plu
il	plairait	[plerɛ]		aurait	plu
ns	plairions	[plerjɔ̃]		aurions	plu
vs	plairiez	[plerje]		auriez	plu
ils	plairaient	[plerɛ]		auraient	plu

IMPÉRATIF

Présent		Passé	
plais	[plɛ]	aie	plu
plaisons	[plezɔ̃]	ayons	plu
plaisez	[pleze]	ayez	plu

111 taire

INFINITIF

Présent	Passé
taire	avoir tu
[tɛr]	[avwarty]

PARTICIPE

Présent	Passé
taisant	tu, e
[tezɑ̃]	[ty]

INDICATIF

Présent		Passé composé	
je tais	[tɛ]	ai	tu
tu tais	[tɛ]	as	tu
il tait	[tɛ]	a	tu
ns taisons	[tezɔ̃]	avons	tu
vs taisez	[teze]	avez	tu
ils taisent	[tɛz]	ont	tu

Imparfait		Plus-que-parfait	
je taisais	[tezɛ]	avais	tu
tu taisais	[tezɛ]	avais	tu
il taisait	[tezɛ]	avait	tu
ns taisions	[tezjɔ̃]	avions	tu
vs taisiez	[tezje]	aviez	tu
ils taisaient	[tezɛ]	avaient	tu

Futur simple		Futur antérieur	
je tairai	[tere]	aurai	tu
tu tairas	[tera]	auras	tu
il taira	[tera]	aura	tu
ns tairons	[terɔ̃]	aurons	tu
vs tairez	[tere]	aurez	tu
ils tairont	[terɔ̃]	auront	tu

Passé simple		Passé antérieur	
je tus	[ty]	eus	tu
tu tus	[ty]	eus	tu
il tut	[ty]	eut	tu
ns tûmes	[tym]	eûmes	tu
vs tûtes	[tyt]	eûtes	tu
ils turent	[tyr]	eurent	tu

SUBJONCTIF

Présent		Passé	
q. je taise	[tɛz]	aie	tu
tu taises	[tɛz]	aies	tu
il taise	[tɛz]	ait	tu
ns taisions	[tezjɔ̃]	ayons	tu
vs taisiez	[tezje]	ayez	tu
ils taisent	[tɛz]	aient	tu

Imparfait		Plus-que-parfait	
q. je tusse	[tys]	eusse	tu
tu tusses	[tys]	eusses	tu
il tût	[ty]	eût	tu
ns tussions	[tysjɔ̃]	eussions	tu
vs tussiez	[tysje]	eussiez	tu
ils tussent	[tys]	eussent	tu

CONDITIONNEL

Présent		Passé	
je tairais	[terɛ]	aurais	tu
tu tairais	[terɛ]	aurais	tu
il tairait	[terɛ]	aurait	tu
ns tairions	[terjɔ̃]	aurions	tu
vs tairiez	[terje]	auriez	tu
ils tairaient	[terɛ]	auraient	tu

IMPÉRATIF

Présent		Passé	
tais	[tɛ]	aie	tu
taisons	[tezɔ̃]	ayons	tu
taisez	[teze]	ayez	tu

112 extraire

___ INFINITIF ___

	Présent	Passé
	extraire	avoir extrait
	[ekstrɛr]	[avwarekstrɛ]

___ PARTICIPE ___

	Présent	Passé
	extrayant	extrait, e
	[ekstrejã]	[ekstrɛ, -ɛt]

___ INDICATIF ___

Présent

			Passé composé	
j'	extrais	[-trɛ]	ai	extrait
tu	extrais	[-trɛ]	as	extrait
il	extrait	[-trɛ]	a	extrait
ns	extrayons	[-trejɔ̃]	avons	extrait
vs	extrayez	[-treje]	avez	extrait
ils	extraient	[-trɛ]	ont	extrait

Imparfait

			Plus-que-parfait	
j'	extrayais	[-trejɛ]	avais	extrait
tu	extrayais	[-trejɛ]	avais	extrait
il	extrayait	[-trejɛ]	avait	extrait
ns	extrayions	[-trejjɔ̃]	avions	extrait
vs	extrayiez	[-trejje]	aviez	extrait
ils	extrayaient	[-trejɛ]	avaient	extrait

Futur simple

			Futur antérieur	
j'	extrairai	[-trere]	aurai	extrait
tu	extrairas	[-trera]	auras	extrait
il	extraira	[-trera]	aura	extrait
ns	extrairons	[-trerɔ̃]	aurons	extrait
vs	extrairez	[-trere]	aurez	extrait
ils	extrairont	[-trerɔ̃]	auront	extrait

Passé simple

			Passé antérieur	
j'	(inusité)		eus	extrait
tu	—		eus	extrait
il	—		eut	extrait
ns	—		eûmes	extrait
vs	—		eûtes	extrait
ils	—		eurent	extrait

___ SUBJONCTIF ___

Présent

			Passé	
q. j'	extraie	[-trɛ]	aie	extrait
tu	extraies	[-trɛ]	aies	extrait
il	extraie	[-trɛ]	ait	extrait
ns	extrayions	[-trejjɔ̃]	ayons	extrait
vs	extrayiez	[-trejje]	ayez	extrait
ils	extraient	[-trɛ]	aient	extrait

Imparfait

			Plus-que-parfait	
q. j'	(inusité)		eusse	extrait
tu	—		eusses	extrait
il	—		eût	extrait
ns	—		eussions	extrait
vs	—		eussiez	extrait
ils	—		eussent	extrait

___ CONDITIONNEL ___

Présent

			Passé	
j'	extrairais	[-trerɛ]	aurais	extrait
tu	extrairais	[-trerɛ]	aurais	extrait
il	extrairait	[-trerɛ]	aurait	extrait
ns	extrairions	[-trerjɔ̃]	aurions	extrait
vs	extrairiez	[-trerje]	auriez	extrait
ils	extrairaient	[-trerɛ]	auraient	extrait

___ IMPÉRATIF ___

Présent

		Passé	
extrais	[-trɛ]	aie	extrait
extrayons	[-trejɔ̃]	ayons	extrait
extrayez	[-treje]	ayez	extrait

113 clore

INFINITIF

Présent	Passé
clore	avoir clos
[klɔr]	[avwarklo]

PARTICIPE

Présent	Passé
closant	clos, e
[klozɑ̃]	[klo, -oz]

INDICATIF

Présent		Passé composé	
je	clos [klo]	ai	clos
tu	clos [klo]	as	clos
il	clôt [klo]	a	clos
ns	closons [klozɔ̃]	avons	clos
vs	closez [kloze]	avez	clos
ils	closent [kloz]	ont	clos

SUBJONCTIF

Présent		Passé	
q. je	close [kloz]	aie	clos
tu	closes [kloz]	aies	clos
il	close [kloz]	ait	clos
ns	closions [klozjɔ̃]	ayons	clos
vs	closiez [klozje]	ayez	clos
ils	closent [kloz]	aient	clos

Imparfait	Plus-que-parfait	
j' *(inusité)*	avais	clos
tu —	avais	clos
il —	avait	clos
ns —	avions	clos
vs —	aviez	clos
ils —	avaient	clos

Imparfait	Plus-que-parfait	
q. j' *(inusité)*	eusse	clos
tu —	eusses	clos
il —	eût	clos
ns —	eussions	clos
vs —	eussiez	clos
ils —	eussent	clos

Futur simple		Futur antérieur	
je	clorai [klore]	aurai	clos
tu	cloras [klora]	auras	clos
il	clora [klora]	aura	clos
ns	clorons [klorɔ̃]	aurons	clos
vs	clorez [klore]	aurez	clos
ils	cloront [klorɔ̃]	auront	clos

CONDITIONNEL

Présent		Passé	
je	clorais [klorɛ]	aurais	clos
tu	clorais [klorɛ]	aurais	clos
il	clorait [klorɛ]	aurait	clos
ns	clorions [klorjɔ̃]	aurions	clos
vs	cloriez [klorje]	auriez	clos
ils	cloraient [klorɛ]	auraient	clos

Passé simple	Passé antérieur	
j' *(inusité)*	eus	clos
tu —	eus	clos
il —	eut	clos
ns —	eûmes	clos
vs —	eûtes	clos
ils —	eurent	clos

IMPÉRATIF

Présent		Passé	
clos	[klo]	aie	clos
(inusité)		ayons	clos
—		ayez	clos

Remarque : *Déclore, éclore, enclore* se conjuguent comme *clore*, mais l'Académie préconise *il éclot, il enclot* (sans accent circonflexe). Le verbe *enclore* possède les formes *nous enclosons, vous enclosez, et enclosons, enclosez.*

114 vaincre

INFINITIF

Présent	Passé
vaincre [vɛ̃kr]	avoir vaincu [avwarvɛ̃ky]

PARTICIPE

Présent	Passé
vainquant [vɛ̃kɑ̃]	vaincu, e [vɛ̃ky]

INDICATIF

Présent

			Passé composé	
je	vaincs	[vɛ̃]	ai	vaincu
tu	vaincs	[vɛ̃]	as	vaincu
il	vainc	[vɛ̃]	a	vaincu
ns	vainquons	[vɛ̃kɔ̃]	avons	vaincu
vs	vainquez	[vɛ̃ke]	avez	vaincu
ils	vainquent	[vɛ̃k]	ont	vaincu

Imparfait

			Plus-que-parfait	
je	vainquais	[vɛ̃kɛ]	avais	vaincu
tu	vainquais	[vɛ̃kɛ]	avais	vaincu
il	vainquait	[vɛ̃kɛ]	avait	vaincu
ns	vainquions	[vɛ̃kjɔ̃]	avions	vaincu
vs	vainquiez	[vɛ̃kje]	aviez	vaincu
ils	vainquaient	[vɛ̃kɛ]	avaient	vaincu

Futur simple

			Futur antérieur	
je	vaincrai	[vɛ̃kre]	aurai	vaincu
tu	vaincras	[vɛ̃kra]	auras	vaincu
il	vaincra	[vɛ̃kra]	aura	vaincu
ns	vaincrons	[vɛ̃krɔ̃]	aurons	vaincu
vs	vaincrez	[vɛ̃kre]	aurez	vaincu
ils	vaincront	[vɛ̃krɔ̃]	auront	vaincu

Passé simple

			Passé antérieur	
je	vainquis	[vɛ̃ki]	eus	vaincu
tu	vainquis	[vɛ̃ki]	eus	vaincu
il	vainquit	[vɛ̃ki]	eut	vaincu
ns	vainquîmes	[vɛ̃kim]	eûmes	vaincu
vs	vainquîtes	[vɛ̃kit]	eûtes	vaincu
ils	vainquirent	[vɛ̃kir]	eurent	vaincu

SUBJONCTIF

Présent

				Passé	
q. je	vainque	[vɛ̃k]		aie	vaincu
tu	vainques	[vɛ̃k]		aies	vaincu
il	vainque	[vɛ̃k]		ait	vaincu
ns	vainquions	[vɛ̃kjɔ̃]		ayons	vaincu
vs	vainquiez	[vɛ̃kje]		ayez	vaincu
ils	vainquent	[vɛ̃k]		aient	vaincu

Imparfait

				Plus-que-parfait	
q. je	vainquisse	[vɛ̃kis]		eusse	vaincu
tu	vainquisses	[vɛ̃kis]		eusses	vaincu
il	vainquît	[vɛ̃ki]		eût	vaincu
ns	vainquissions	[vɛ̃kisjɔ̃]		eussions	vaincu
vs	vainquissiez	[vɛ̃kisje]		eussiez	vaincu
ils	vainquissent	[vɛ̃kis]		eussent	vaincu

CONDITIONNEL

Présent

			Passé	
je	vaincrais	[vɛ̃krɛ]	aurais	vaincu
tu	vaincrais	[vɛ̃krɛ]	aurais	vaincu
il	vaincrait	[vɛ̃krɛ]	aurait	vaincu
ns	vaincrions	[vɛ̃krijɔ̃]	aurions	vaincu
vs	vaincriez	[vɛ̃krije]	auriez	vaincu
ils	vaincraient	[vɛ̃krɛ]	auraient vaincu

IMPÉRATIF

Présent			Passé	
vaincs	[vɛ̃]		aie	vaincu
vainquons	[vɛ̃kɔ̃]		ayons	vaincu
vainquez	[vɛ̃ke]		ayez	vaincu

115 frire

INFINITIF

	Présent	Passé
	frire	avoir frit
	[frir]	[avwarfri]

PARTICIPE

	Présent	Passé
	(inusité)	frit, e
		[fri, -it]

INDICATIF

	Présent		Passé composé	
je	fris	[-i]	ai	frit
tu	fris	[-i]	as	frit
il	frit	[-i]	a	frit
ns	*(inusité)*		avons	frit
vs	—		avez	frit
ils	—		ont	frit

	Imparfait		Plus-que-parfait	
j'	*(inusité)*		avais	frit
tu	—		avais	frit
il	—		avait	frit
ns	—		avions	frit
vs	—		aviez	frit
ils	—		avaient	frit

	Futur simple		Futur antérieur	
je	frirai	[-ire]	aurai	frit
tu	friras	[-ira]	auras	frit
il	frira	[-ira]	aura	frit
ns	frirons	[-irɔ̃]	aurons	frit
vs	frirez	[-ire]	aurez	frit
ils	friront	[-irɔ̃]	auront	frit

	Passé simple		Passé antérieur	
j'	*(inusité)*		eus	frit
tu	—		eus	frit
il	—		eut	frit
ns	—		eûmes	frit
vs	—		eûtes	frit
ils	—		eurent	frit

SUBJONCTIF

	Présent	Passé	
q. j'	*(inusité)*	aie	frit
tu	—	aies	frit
il	—	ait	frit
ns	—	ayons	frit
vs	—	ayez	frit
ils	—	aient	frit

	Imparfait	Plus-que-parfait	
q. j'	*(inusité)*	eusse	frit
tu	—	eusses	frit
il	—	eût	frit
ns	—	eussions	frit
vs	—	eussiez	frit
ils	—	eussent	frit

CONDITIONNEL

	Présent		Passé	
je	frirais	[-irɛ]	aurais	frit
tu	frirais	[-irɛ]	aurais	frit
il	frirait	[-irɛ]	aurait	frit
ns	fririons	[-irjɔ̃]	aurions	frit
vs	fririez	[-irje]	auriez	frit
ils	friraient	[-irɛ]	auraient	frit

IMPÉRATIF

	Présent		Passé	
	fris	[-i]	aie	frit
	(inusité)		ayons	frit
	—		ayez	frit

Index des verbes

(les numéros renvoient aux tableaux de conjugaison)

a

baratiner	3	bégueter	28	bituminer	3
baratter	3	bêler	4	bituminiser	3
barbariser (se)	3	béliner	3	biturer (se)	3
barber	3	bémoliser	3	bivaquer	3
barbifier	9	bénéficier	9	bivouaquer	3
barboter	3	bénir [part. passé *bénit*		bizuter	3
barbouiller	3	dans expressions figées		blackbouler	3
barder	3	de sens religieux.]	32	blaguer	3
bareiller	4	benzoyler	3	blaireauter	3
barémer	18	benzyler	3	blairer	4
baréter	18	béquer	18	blâmer	3
barguigner	3	béqueter [Littré : **28**]	27	blanchir	32
barioler	3	béquiller	3	blanchoyer	13
baroter	3	bercer	16	blaser	3
barouder	3	berlurer (se)	3	blasonner	3
barreauder	3	berner	3	blasphémer	18
barrer	3	besogner	3	blatérer	18
barricader	3	bestialiser	3	blêmir	32
barrir	32	bêtifier	9	bléser	18
barroter	3	bétiser	3	blesser	4
basaner	3	bétonner	3	blettir	32
basculer	3	beugler	5	bleuir	32
baser	3	beurrer	5	bleuter	3
bassiner	3	biaiser	4	blinder	3
bastillonner	3	bibeloter	3	blinquer	3
bastinguer, *gu* partout	3	biberonner	3	blondir	32
bastionner	3	bicher	3	blondoyer	13
bastir	32	bichonner	3	bloquer	3
bastonner (se)	3	bichromater	3	blottir	32
bastringuer, *gu* partout	3	bidonner (se)	3	blouser	3
batailler	3	bienvenir [inf. et part.		bluetter	4
bateler	24	passé seulement]		bluffer	3
bâter	3	biffer	3	bluter	3
batifoler	3	bifurquer	3	bobiner	3
batiker	3	bigarrer	3	bocarder	3
batiller	3	bigler	3	boësser	4
bâtir	32	bigophoner	3	boetter	4
bâtonner	3	bigorner	3	boire	108
batourner	3	biler (se)	3	boiser	3
battre	83	billarder	3	boissonner	3
bauger (se)	17	billebauder	3	boiter	3
bavarder	3	biller	3	boîter	3
bavasser	3	billonner	3	boitiller	3
baver	3	biloquer	3	bolcheviser	3
bavocher	3	biner	3	bombarder	3
bayer	3 ou 11	biodégrader	3	bomber	3
bazarder	3	biscuiter	3	bonder	3
béatifier	9	biseauter	3	bondériser	3
beausir	32	biser	3	bondir	32
bêcher	4	bisquer	3	bondonner	3
bêcheveter	27	bissecter	3	bonifier	9
bécot(t)er	3	bisser	3	bonimenter	3
becquer	4	bistourner	3	bonir	32
becqueter [Littré : **28**]	27	bistrer	3	bonneter	27
becter	4	bistrouiller	3	bordéliser	3
beder	19	biter	3	border	3
bedonner	3	bitter	3	bordoyer	13
béer	15	bitturer (se)	3	borner	3
bégayer	11	bitumer	3	bornoyer	13

cacher	3	caner	3	carnifier	9
cacheter	27	caneter	27	carotter	3
cachotter	3	canneler	24	carreler	24
cadastrer	3	canner	3	carrer	3
cadeler	24	cannetiller	3	carrosser	3
cadenasser	3	cannibaliser	3	carroyer	13
cadencer	16	canoniser	3	cartayer	3
cadmier	9	canonner	3	cartelliser	3
cadrer	3	canoter	3	cartonner	3
cafarder	3	canqueter	27	casaquer	3
cafouiller	3	canter	3	cascader	3
cafter	3	cantiner	3	caséifier	9
cagnarder	3	cantonner	3	casemater	3
cagner	3	canuler	3	caser	3
cahoter	3	caoutchouter	3	caserner	3
caillebotter	3	caparaçonner	3	casquer	3
cailler	3	capéer	15	casser	3
cailleter	27	capeler	24	castagner	3
caillouter	3	caper	3	castrer	3
cajoler	3	capeyer	12	cataloguer, *gu* partout	3
calaminer	3	capier	9	catalyser	3
calamistrer	3	capitaliser	3	catapulter	3
calamiter	3	capitonner	3	catastropher	3
calancher	3	capituler	3	catcher	3
calandrer	3	caponner	3	catéchiser	3
calaouer	6	caporaliser	3	catégoriser	3
calcifier	4	capoter	3	cathétériser	3
calciner	3	capser	3	catholiciser	3
calculer	3	capsuler	3	catir	32
caler	3	capter	3	cauchemarder	3
cal(e)ter	3	captiver	3	causaliser	3
calfater	3	capturer	3	causer	3
calfeutrer	3	capuchonner	3	caustifier	9
calibrer	3	caquer	3	cautériser	3
câliner	3	caqueter	27	cautionner	3
calligraphier	9	caracoler	3	cavalcader	3
calmer	3	caracouler	3	cavaler	3
calmir	32	caractériser	3	caver	3
calomnier	9	caramboler	3	caviarder	3
calorifuger	17	carambouiller	3	céder	18
caloriser	3	caraméliser	3	ceindre	81
calotter	3	carapater (se)	3	ceintrer	3
calquer	3	carbonater	3	ceinturer	3
calter	3	carboniser	3	célébrer	18
camarder	3	carbonitrurer	3	celer	25
cambrer	3	carburer	3	cémenter	3
cambrioler	3	carcailler	3	cendrer	3
cameloter	3	carder	3	censurer	3
camer	3	cardinaliser	3	centraliser	3
camionner	3	carencer	16	centrer	3
camoufler	3	caréner	18	centrifuger	17
camper	3	carer	3	centupler	3
camphrer	3	caresser	4	cercler	3
canaliser	3	carguer	3	cerner	3
canarder	3	caricaturer	3	certifier	9
cancaner	3	carier	9	césariser	3
canceller	4	carillonner	3	cesser	4
cancériser (se)	3	carminer	3	chabler	3
candir	32	carneler	25	chagriner	3

chahuter	3	chauffer	3	chouriner	3
chaîner	4	chauler	3	choyer	13
chalcographier	9	chaumer	3	christianiser	3
challenger	17	chausser	3	chromatiser	3
chaloir [seulement dans		chauvir [sauf pour les trois		chromer	3
Peu me chaut]		1res pers. sing. de l'ind.		chromiser	3
chalouper	3	prés. : je, tu chauvis; il		chroniquer	3
chaluter	3	chauvit, et impér. : chau-		chronométrer	18
chamailler (se)	3	vis; part. passé chauvi		chrysalider	3
chamarrer	3	invar.]	38	chucheter	27
chambarder	3	chavirer	3	chuchoter	3
chambouler	3	chelinguer, gu partout	3	chuinter	3
chambrer	3	cheminer	3	chuter	3
chamoiser	3	chemiser	3	cicatriser	3
champagniser	3	chenaler	3	cicéroniser	3
champignonner	3	chènevotter	3	cierger	17
champlever	19	chercher	3	ciller	3
chanceler	24	chérer	18	cimenter	3
chancir	32	chérir	32	cinématographier	9
chanfraindre	80	cherrer	4	cingler	3
chanfreindre	81	chevaler	3	cintrer	3
chanfreiner	4	chevaucher	3	circoncire	101
chanfrer	3	chever	19	circonscrire	99
changer	17	cheviller	3	circonstancier	9
chanlatter	3	chevir	32	circonvenir [aux. avoir]	40
chansonner	3	chevreter	27	circonvoisiner	3
chanter	3	chevronner	3	circulariser	3
chantonner	3	chevroter	3	circuler	3
chantourner	3	chiader	3	cirer	3
chaparder	3	chialer	3	cisailler	3
chapeauter	3	chicaner	3	ciseler	25
chapeler	24	chicoter	3	citer	3
chaperonner	3	chienner	4	citronner	3
chapitrer	3	chier	9	civiliser	3
chaponner	3	chiffonner	3	clabauder	3
chapoter	3	chiffrer	3	claboter	3
chaptaliser	3	chigner	3	claircer	16
charbonner	3	chimiquer	3	claircir	32
charcuter	3	chiner	3	claironner	3
chardonner	3	chinoiser	3	clairsemer	19
charger	17	chiper	3	clamecer	16
chariboter	3	chipoter	3	clamer	3
charioter	3	chiquer	3	clamper	3
charmer	3	chiqueter	27	clampiner	3
charogner	3	chirographier	9	clampser	3
charpenter	3	chlinguer, gu partout	3	clamser	3
charquer	3	chlorer	3	clapir	32
charrier	9	chloroformer	3	clapir (se)	32
charroyer	13	chlorurer	3	clapoter	3
charruer	7	choir	72	clapper	3
chasser	3	choisir	32	claquemurer	3
châtaigner	4	chômer	3	clapser	3
châtier	9	choper	3	claquer	3
chatonner	3	chopiner	3	claqueter	27
chatouiller	3	chopper	3	clarifier	9
chatoyer	13	choquer	3	classer	3
châtrer	3	chosifier	9	classifier	9
chauber	3	chouanner	3	clatir	32
chaucher	3	chouchouter	3	clauber	3

134

d e

déconcentrer	3	déculotter	3	défouler	3
déconcerter	3	déculpabiliser	3	défourailler	3
déconditionner	3	décupler	3	défourner	3
déconfessionnaliser	3	décuscuter	3	défourrer	3
déconfire	101	décuver	3	défoxer	3
décongeler	25	décycliser	3	défraîchir	32
décongestionner	3	dédaigner	4	défranciser	3
déconnecter	4	dédicacer	16	défrayer	11
déconner	3	dédier	9	défretter	4
déconseiller	4	dédifférencier (se)	9	défricher	3
déconsidérer	18	dédire (se)	103	défriper	3
déconsigner	3	dédiviniser	3	défriser	3
déconstiper	3	dédoler	3	défroisser	3
déconstitutionnaliser	3	dédommager	17	défroncer	16
déconstruire	98	dédorer	3	défroquer	3
décontaminer	3	dédotaliser	3	défruiter	3
décontenancer	16	dédouaner	3	défubler	3
décontracter	3	dédoubler	3	dégager	17
déconventionner	3	dédramatiser	3	dégainer	4
décorder	3	déduire	98	dégalonner	3
décorer	3	défaillir	47	déganter	3
décorner	3	défaire	109	dégarnir	32
décortiquer	3	défalquer	3	dégarouler	3
décotter	3	défardeler	24	dégasconner	3
découcher	3	défarder	3	dégasoliner	3
découdre	86	défatiguer, *gu* partout	3	dégauchir	32
découenner	3	défaufiler	3	dégazer	3
découler	3	défausser	3	dégazoliner	3
découper	3	défavoriser	3	dégazonner	3
découpler	3	déféminiser	3	dégeler	25
décourager	17	défendre	73	dégénérer	18
décourber	3	défenestrer	3	dégermer	3
découronner	3	déféquer	18	dégingander (se)	3
découvrir	34	déférer	18	dégîter	3
décramponner	3	déferler	3	dégivrer	3
décrasser	3	déferrer	4	déglacer	16
décréditer	3	déferriser	3	déglinguer, *gu* partout	3
décrémenter	3	défeuiller	5	dégluer	3
décrêper	4	défeutrer	3	déglutir	32
décrépir	32	défibrer	3	dégobiller	3
décrépiter	3	défibriller	3	dégoiser	3
décréter	18	défibriner	3	dégommer	3
décreuser	3	déficeler	24	dégonder	3
décrier	10	déficher	3	dégonfler	3
décriminaliser	3	défier	9	dégorger	17
décriquer	3	défiger	17	dégot(t)er	3
décrire	99	défigurer	3	dégoudronner	3
décrisper	3	défiler	3	dégouliner	3
décrocher	3	défilocher	3	dégoupiller	3
décroiser	3	définir	32	dégourdir	32
décroître	94	déflagrer	3	dégoûter	3
décrotter	3	défléchir	32	dégoutter	3
décroûter	3	défleurir	32	dégrader	3
décruer	3	déflorer	3	dégrafer	3
décrypter	3	défolier	9	dégraisser	4
décuirasser	3	défoncer	16	dégramer	3
décuire	98	déforcer	16	dégraveler	24
décuivrer	3	déformer	3	dégraver	3
déculasser	3	défouetter	4	dégravoyer	13

dessoler	3	détromper	3	diffamer	3
dessoucher	3	détrôner	3	différencier	9
dessouder	3	détroquer	3	différer	18
dessoûler	3	détrousser	3	diffluer	3
dessuinter	3	détruire	98	difformer	3
déstabiliser	3	dévaginer	3	diffracter	3
déstaliniser	3	dévaler	3	diffuser	3
destiner	3	dévaliser	3	difluorer	3
destituer	7	dévaloriser	3	digérer	18
déstocker	3	dévaluer	7	digitaliser	3
déstructurer	3	devancer	16	digresser	4
désulfiter	3	dévaser	3	dihalogéner	18
désulfurer	3	dévaster	3	diioder	3
désunir	32	développer	3	dilacérer	18
désurbaniser	3	devenir [aux. *être*]	40	dilapider	3
désurchauffer	3	déverdir	32	dilater	3
désynchroniser	3	déverglacer	16	diluer	7
désyndicaliser	3	dévergonder	3	dimensionner	3
détabler	3	déverguer, *gu partout*	3	dîmer	3
détacher	3	dévernir	32	dimériser	3
détailler	3	déverrouiller	3	diminuer	7
détaler	3	déverser	3	dindonner	3
détalonner	3	dévêtir	44	dîner	3
détanner	3	dévider	3	dinguer, *gu partout*	3
détanniser	3	dévier	9	dinitrer	3
détaper	3	deviner	3	diphtonguer, *gu partout*	3
détapisser	3	dévirer	3	diplômer	3
détartrer	3	déviriliser	3	dire	102
détasser	3	déviroler	3	diriger	17
détaxer	3	dévisager	17	discerner	3
détecter	4	deviser	3	discipliner	3
déteindre	81	dévisser	3	discontinuer (seul. inf.)	7
dételer	24	dévitaliser	3	disconvenir [aux. *avoir*]	40
détendre	73	dévitrifier	9	discorder	3
détenir [aux. *avoir*]	40	dévoiler	3	discounter	3
déterger	17	devoir	53	discourir	45
détériorer	3	dévoiser	3	discréditer	3
déterminer	3	dévolter	3	discrétiser	3
déterrer	4	dévorer	3	discriminer	3
détester	3	dévouer	6	disculper	3
déthésauriser	3	dévoyer	13	discutailler	3
détirefonner	3	dévriller	3	discuter	3
détirer	3	dézincifier	9	disgracier	9
détisser	3	dézinguer	3	disjoindre	82
détitrer	3	diagnostiquer	3	disjoncter	3
détoner	3	diagonaliser	3	disloquer	3
détonneler	24	dialectaliser (se)	3	dismuter (se)	3
détonner	3	dialectiser	3	disparaître [aux. *avoir* ou	
détordre	76	dialoguer, *gu partout*	3	*être*]	91
détortiller	3	dialyser	3	dispatcher	3
détourer	3	diamanter	3	dispenser	3
détourner	9	diaphragmer	3	disperser	3
détoxifier	3	diaprer	3	disposer	3
détoxiquer	3	diazoter	3	disproportionner	3
détrancaner	3	dichlorer	3	disputailler	3
détraquer	3	dichotomiser	3	disputer	3
détremper	3	dicter	3	disqualifier	9
détresser	4	diéséliser	3	disséminer	3
détricoter	3	diéser	18	disséquer	18

écœurer	5	effleurer	5	élucubrer	3
écoiner	3	effleurir	32	éluder	3
écointer	3	effluver	3	éluer	7
écolleter	27	effondrer	3	émacier (s')	9
éconduire	98	efforcer (s')	16	émailler	3
économiser	3	effranger	17	émanciper	3
écoper	3	effrayer	11	émaner	3
écoquer	3	effriter	3	émarger	17
écoqueter	27	effruiter	3	émasculer	3
écorcer	16	égailler (s')	3	embabouiner	3
écorcher	3	égaler	3	emballer	3
écorer	3	égaliser	3	emballotter	3
écorner	3	égarer	3	embarbouiller	3
écornifler	3	égauler	3	embarder	3
écosser	3	égayer	11	embarquer	3
écôter	3	égermer	3	embarrasser	3
écouler	3	églomiser	3	embarrer	3
écourter	3	égobler	3	embastiller	3
écouter	3	égorger	17	embastionner	3
écouvillonner	3	égosiller (s')	3	embâter	3
écrabouiller	3	égoutter	3	embâtonner	3
écraminer	3	égrainer	4	embattre	83
écraser	3	égraminer	3	embaucher	3
écrémer	18	égrapper	3	embaumer	3
écrêter	4	égratigner	3	embecquer	4
écrier (s')	10	égravillonner	3	embellir	32
écrire	99	égrener	19	emberlicoquer	3
écrivailler	3	égréser	18	emberlificoter	3
écrivasser	3	égriser	3	emberloquer	3
écrouer	3	égruger	17	emberlucoquer	3
écrouir	32	égueuler	5	embesogner	3
écrouler	3	éhouper	3	embêter	4
écroûter	3	éjaculer	3	embidonner	3
écuer	7	éjamber	3	embieller	4
écuisser	3	éjarrer	3	emblaver	3
éculer	3	éjecter	4	embobeliner	3
écumer	3	éjointer	3	embobiner	3
écurer	3	éjouir	32	emboire	108
écussonner	3	élaborer	3	emboîter	3
eczématiser (s')	3	élaguer, *gu* partout	3	emboquer	3
édenter	3	élaidiser	3	embosser	3
édicter	3	élaiter	4	embotteler	24
édifier	9	élancer	16	emboucauter	3
éditer	3	élargir	32	emboucher	3
éditionner	3	élaver	3	emboucler	3
édulcorer	3	électrifier	9	embouer	6
éduquer	3	électriser	3	embouffeter	27
éfaufiler	3	électrocuter	3	embouquer	3
effacer	16	électrolyser	3	embourber	3
effaner	3	élégir	32	embourgeoiser	3
effarer	3	élever	19	embourrer	3
effaroucher	3	élider	3	embourser	3
effectuer	7	élimer	3	embouteiller	4
efféminer	3	éliminer	3	embouter	3
effeuiller	5	élinguer, *gu* partout	3	emboutir	32
effiler	3	élire	106	embraguer, *gu* partout	3
effilocher	3	éloigner	3	embrancher	3
effiloquer	3	élonger	17	embraquer	3
efflanquer	3	élucider	3	embraser	3

144

147

flamber	3	fondre	75	fracasser	3
flamboyer	13	forbannir	32	fractionner	3
flancher	3	forcener	19	fracturer	3
flâner	3	forcer	16	fragiliser	3
flânocher	3	forcir	32	fragmenter	3
flanquer	3	forclore [seulement inf. et		fraîchir	32
flaquer	3	part. passé *forclos, for-*		fraiser	4
flasher	3	*close*]		framboiser	3
flatter	3	forer	3	franchir	32
flécher	18	forfaire [seulement inf.,		franciser	3
fléchir	32	sing. de l'ind. prés. et		franger	17
flegmatiser	3	temps comp.]	109	frapper	3
flemmarder	3	forger	17	fraser	3
flétrir	32	forhuer	7	fraterniser	3
fletter	4	forjeter	27	frauder	3
fleurdeliser	3	forlancer	16	frayer	11
fleurer	5	forligner	3	fredonner	3
fleurir 1	32	forlonger	17	frégater	3
fleurir 2 [= *prospérer*; radi-		formaliser	3	freiner	4
cal *flor-* à l'imparf. : *il flo-*		former	3	frelater	3
rissait, et au part. prés. :		formoler	3	frémir	32
florissant]	32	formuler	3	fréquenter	3
fleuronner	3	forniquer	3	fréter	18
flibuster	3	forpaiser	4	frétiller	3
flicflaquer	3	fortifier	9	fretter	4
flinguer	3	fosserer	19	fricasser	3
flipper	3	fossiliser	3	fricoter	3
flirter	3	fossoyer	13	frictionner	3
floconner	3	fouailler	3	frigorifier	9
floculer	3	foudroyer	13	frigorifuger	17
flonger	17	fouetter	4	friller	3
floquer	3	fouger	17	frimer	3
floqueter	27	fouiller	3	fringuer, *gu* partout	3
flotter	3	fouiner	3	friper	3
flouer	3	fouir	32	friponner	3
fluater	3	foularder	3	frire	115
fluctuer	3	fouler	3	friseliser	3
fluer	3	foulonner	3	friser	3
fluidifier	9	fourber	3	frisotter	3
fluidiser	3	fourbir	32	frissonner	3
fluorer	3	fourcher	3	fritter	3
fluoriser	3	fourgonner	3	froidir	32
fluorescer	21	fourguer, *gu* partout	3	froisser	3
flûter	3	fourmiller	3	frôler	3
fluxer	3	fournir	32	fromager	17
focaliser	3	fourrager	17	froncer	16
foéner	18	fourrer	3	fronder	3
foëner	4	fourvoyer	13	froquer	3
foirer	3	foutre [Ind. prés. : *je fous,*		frottailler	3
foisonner	3	*tu fous, il fout, nous fou-*		frotter	3
folâtrer	3	*tons, vous foutez, ils fou-*		frouer	3
folichonner	3	*tent*; imparf. : *je foutais,*		froufrouter	3
folioter	3	etc.; fut. : *je foutrai*, etc.		fructifier	9
fomenter	3	Subj. prés. : *q. je foute,*		frusquer	3
foncer	16	etc.; imparf. (rare) : *q.*		frusquiner	3
fonctionnaliser	3	*je foutisse*, etc. Impér. :		frustrer	3
fonctionnariser	3	*fous, foutons, foutez.* Part.		fuir	35
fonctionner	3	prés. : *foutant*; pass. :		fulgurer	3
fonder	3	*foutu, e.*]		fulminer	3

instruire	98	inverser	3	jongler	3
instrumenter	3	investir	32	jordonner	3
insuffler	3	invétérer (s')	18	jouailler	3
insulter	3	inviter	3	jouer	6
insupporter	3	invoquer	3	jouir	32
insurger (s')	17	ioder	3	journaliser	3
intailler	3	iodler	3	jouter	3
intégrer	18	ioniser	3	jouxter	3
intellectualiser	3	iouler	3	jubiler	3
intensifier	9	iriser	3	jucher	3
intenter	3	ironiser	3	judaïser	17
intentionner	3	irradier	9	juger	17
interagir	32	irriguer, *gu* partout	3	juguler	3
intercaler	3	irriter	3	jumeler	24
intercéder	18	irruer	7	jumper	3
intercepter	4	ischémier	9	jurer	3
interchanger	17	islamiser	3	justicier	9
interclasser	3	isoler	3	justifier	9
interconnecter	4	isomériser	3	juter	3
interdire	103	issir [Vx, seulement part.		juxtaposer	3
intéresser	4	passé, *issu, issue*]		kaoliniser	3
interférer	18	italianiser	3	kératiniser	3
interfolier	9	itérer	18	kidnapper	3
intérioriser	3	ivrogner (s')	3	kilométrer	18
interjeter	27	ixer	3	klauber	3
interligner	3	jabler	3	klaxonner	3
interloquer	3	jaboter	3		
internationaliser	3	jacasser	3		
interner	3	jachérer	18	**l m n**	
interpeller	26	jacter	3	labialiser	3
interpénétrer (s')	18	jaillir	32	labourer	3
interpoler	3	jalonner	3	lacer	16
interpolliniser	3	jalouser	3	lacérer	18
interposer	3	japonner	3	lâcher	3
interpréter	18	japper	3	laïciser	3
interroger	17	jardiner	3	lainer	4
interrompre	78	jargauder	3	laisser	4
intersecter	4	jargonner	3	laitonner	3
intervenir [aux. *être*]	40	jarreter	27	laïusser	3
intervertir	32	jaser	3	lambiner	3
interviewer	3	jasper	3	lambrisser	3
intimer	3	jaspiner	3	lamenter (se)	3
intimider	3	jauger	17	lamer	3
intituler	3	jaunir	32	laminer	3
intoxiquer	3	javeler	24	lamper	3
intriguer, *gu* partout	3	javelliser	3	lancer	16
intriquer	3	jazzifier	9	lanciner	3
introduire	98	jérémiader	3	langer	17
introjecter	4	jerker	3	langueter	27
introjeter	27	jésuitiser	3	langueyer	12
introniser	3	jeter	27	languir	32
introspecter	4	jeûner	3	lanter	3
intuber	3	jobarder	3	lanterner	3
inutiliser	3	jodler	3	lantiponner	3
invaginer	3	joggliner	3	laper	3
invalider	3	joindre	82	lapider	3
invectiver	3	jointer	3	lapidifier	9
inventer	3	jointoyer	13	lapiner	3
inventorier	9	joncher	3	laquer	3

larder	3
lardonner	3
larguer, *gu* partout	3
larmer	3
larmoyer	13
lasser	3
latéraliser	3
latiniser	3
latter	3
laurer	3
laver	3
layer	11
lécher	18
léchouiller	3
légaliser	3
légender	3
légiférer	18
légitimer	3
léguer	18
lénifier	9
lenter	3
léser	18
lésiner	3
lessiver	3
lester	3
lettrer	4
leurrer	5
lever	19
léviger	17
léviter	3
levretter	26
levurer	3
lexicaliser	3
lézarder	3
liaisonner	3
liarder	3
libeller	4
libéraliser	3
libérer	18
libertiner	3
licencier	9
licher	3
liciter	3
liéger	22
lier	9
lifter	3
ligaturer	3
ligner	3
lignifier	9
ligoter	3
liguer	3
limander	3
limer	3
limiter	3
limoger	17
limoner	3
limousiner	3
linéamenter	3
lingoter	3

liquater	3
liquéfier	9
liquider	.3
lire	106
liser	3
liserer	19
lisérer	18
lisser	3
lister	3
liter	3
lithographier	9
livrer	3
lixivier	9
lober	3
lobotomiser	3
localiser	3
locher	3
lockouter	3
lof(f)er	3
loger	17
longer	17
loqueter	27
lorgner	3
losanger	17
lotionner	3
lotir	32
louanger	17
loucher	3
louchir	32
louer	6
louper	3
lourder	3
lourer	3
louver	3
louveter	27
louvoyer	13
lover	3
lubrifier	9
lucher	3
luger	17
luire	97
luncher	3
lustrer	3
luter	3
lutiner	3
lutter	3
luxer	3
lyncher	3
lyophiliser	3
lyriser	3
lyser	3
macadamiser	3
macérer	18
mâcher	3
machicoter	3
machiner	3
mâchonner	3
mâchoter	3
mâchouiller	3

mâchurer	3
macler	3
maçonner	3
macquer	3
maculer	3
madéfier	9
madériser	3
madrigaliser	3
magasiner	3
magner (se)	3
magnétiser	3
magnétoscoper	3
magnifier	9
magouiller	3
magyariser	3
maigrir	32
mailler	3
mailleter	27
maillocher	3
maillonner	3
mainmettre	84
maintenir [aux. *avoir*]	40
maîtriser	3
majorer	3
malaxer	3
maléficier	9
malléabiliser	3
malléiner	3
malmener	19
malter	3
maltraiter	4
malverser	3
mamelonner	3
manager	17
manchonner	3
mandater	3
mander	3
mandriner	3
manéger	22
mangeotter	3
manger	17
manier	9
maniérer	18
manifester	3
manigancer	16
maniller	3
manipuler	3
mannequiner	3
manœuvrer	5
manoquer	3
manquer	3
mansarder	3
manucurer	3
manufacturer	3
manutentionner	3
maquer	3
maquerauter	3
maquignonner	3
maquiller	3

marauder	3	maximiser	3	parf., du fut., du prés. du	
marbrer	3	mazer	3	cond., et au part. prés.	
marchander	3	mazouter	3	*messéant*]	67
marcher	3	mécaniser	3	mesurer	3
marcotter	3	mécher	18	mésuser	3
margauder	3	mécompter	3	métaboliser	3
marger	17	méconduire (se)	98	métaller	3
marginaliser	3	méconnaître	91	métalliser	3
marginer	3	mécontenter	3	métamériser	3
margot(t)er	3	mécroire [inf. seulement]		métamorphiser	3
marier	9	médailler	3	métamorphoser	3
mariner	3	médeciner	3	métaphoriser	3
marivauder	3	médiatiser	3	météoriser	3
marler	3	médicaliser	3	méthyler	3
marmiter	3	médicamenter	3	métisser	3
marmonner	3	médire	103	métrer	18
marmoriser	3	méditer	3	mettre	84
marmotter	3	méduser	3	meubler	5
marner	3	méfaire [inf. seulement]		meugler	5
maronner	3	méfier (se)	9	meuler	5
maroquiner	3	mégir	32	meurtrir	32
marotiser	3	mégisser	3	mévendre	73
maroufler	3	mégoter	3	miauler	3
marquer	3	méjuger	17	microfilmer	3
marqueter	27	mélancoliser	3	microminiaturiser	3
marrer (se)	3	mélanger	17	mignarder	3
marronner	3	mêler	4	mignoter	3
marsouiner	3	mélodramatiser	3	migrainer	4
marsupialiser	3	mémoriser	3	migrer	3
marteler	25	menacer	16	mijoter	3
martiner	3	ménager	17	militariser	3
martyriser	3	mendier	9	militer	3
marxiser	3	mendigoter	3	millésimer	3
masculiniser	3	mener	19	miméographier	9
masquer	3	mensualiser	3	mimer	3
massacrer	3	mensurer	3	minauder	3
masser	3	mentionner	3	mincer	16
massicoter	3	mentir	37	mincir	32
massifier	9	menuiser	3	miner	3
mastiquer	3	méprendre (se)	79	minéraliser	3
masturber	3	mépriser	3	miniaturer	3
matcher	3	merceriser	3	miniaturiser	3
matelasser	3	merder	3	minimaliser	3
mater	3	merdoyer	13	minimiser	3
mâter	3	meringuer, *gu* partout	3	minorer	3
matérialiser	3	mériter	3	minotauriser	3
materner	3	merliner	3	minuter	3
materniser	3	merlonner	3	mirailler	3
mathématiser	3	mésadvenir [unipersonnel]	40	mirer	3
mâtiner	3	mésallier	9	miroiter	3
matir	32	mésarriver [unipersonnel ;		miser	3
matraquer	3	aux. être]	3	missionner	3
matricer	16	mésavenir [unipersonnel]	40	miter	3
matriculer	3	mésestimer	3	mithridater	3
matter	3	mésinterpréter	18	mithridatiser	3
maturer	3	messeoir [seulement aux		mitiger	17
maudire	104	formes impersonnelles,		mitonner	3
maugréer	15	aux 3es pers. sing. et plur.		mitrailler	3
maximaliser	3	de l'ind. prés., de l'im-		mixer	3

mixter	3	moucharder	3	nasaliser	3
mixtionner	3	moucher	3	nasarder	3
mobiliser	3	moucheronner	3	nasiller	3
modaliser	3	moucheter	27	nasillonner	3
modeler	25	moudre	85	nasonner	3
modéliser	3	moufler	3	nationaliser	3
modérer	18	mouiller	3	natter	3
moderniser	3	mouler	3	naturaliser	3
modifier	9	mouliner	3	naufrager	17
moduler	3	moulurer	3	naviguer, *gu* partout	3
moinifier	9	mourir [aux. *être*]	42	navrer	3
moirer	3	mousseliner	3	nazifier	9
moiser	3	mousser	3	néantiser	3
moisir	32	moutarder	3	nébuliser	3
moissonner	3	moutonner	3	nécessiter	3
moitir	32	mouvementer	3	nécroser	3
molarder	3	mouvoir	54	négliger	17
molester	3	moyenner	4	négocier	9
moleter	27	moyer	13	neigeoter [unipersonnel]	3
mollarder	3	moyetter	4	neiger [unipersonnel]	23
molletonner	3	mucher	3	néologiser	3
molletter	4	muder	3	néphrectomiser	3
mollifier	9	muer	7	néphrostomiser	3
mollir	32	mugir	32	nerver	3
momasser	3	mugueter	27	nervurer	3
momifier	9	muloter	3	nettoyer	13
monder	3	multiplier	10	neutraliser	3
mondialiser	3	multiplexer	4	neutrodyner	3
monétiser	3	municipaliser	3	neutrographier	9
monnayer	11	munir	32	niaiser	4
monologuer, *gu* partout	3	munitionner	3	nicher	3
monopoliser	3	murailler	3	nickeler [Littré : **25**]	24
monseigneuriser	3	murer	3	nicotiniser	3
monter [aux. *être* (vi)]	3	mûrir	32	nidifier	9
montrer	3	murmurer	3	nieller	4
moquer	3	musarder	3	nier	9
moquetter	4	muscler	3	nigauder	3
morailler	3	museler	24	nimber	3
moraliser	3	museleter	27	nipper	3
morceler	24	muser	3	niquer	3
mordailler	3	musiquer	3	niqueter	27
mordancer	16	musquer	3	nitrater	3
mordiller	3	musser	3	nitrer	3
mordillonner	3	muter	3	nitrifier	9
mordorer	3	mutiler	3	nitrurer	3
mordre	76	mutiner	3	niveler	24
morfiler	3	mystifier	9	nocer	16
morfondre (se)	75	mythifier	9	noircir	32
morguer, *gu* partout	3	nacrer	3	noliser	3
morigéner	18	nageoter	3	nomadiser	3
morner	3	nager	17	nombrer	3
morphologiser	3	naître [aux. *être*]	92	nominaliser	3
morplaner	3	naniser	3	nommer	3
mortaiser	4	nantir	32	nonupler	3
mortifier	9	naphtaliner	3	noper	3
motionner	3	napper	3	noqueter	27
motiver	3	napperonner	3	nordester [3e pers. seu-	
motoriser	3	narguer, *gu* partout	3	lement]	3
motter	3	narrer	3	nordir [3e pers. seulement]	32

o p q

persiller	3	pinailler	3	pleuvoir	68
persister	3	pinceauter	3	pleuvoter [unipersonnel]	3
personnaliser	3	pincer	16	plier	10
personnifier	9	pinceter	27	plisser	3
persuader	3	pinçoter	3	plomber	3
perturber	3	pindariser	3	plonger	17
pervertir	32	pinter	3	ploquer	3
pervibrer	3	piocher	3	ployer	13
peser	19	pioncer	16	plucher	3
pesseler	24	pionner	3	plumer	3
pester	3	piper	3	pluraliser	3
pestiférer	18	pipetter	4	pluviner [unipersonnel]	3
pétarader	3	pique-niquer	3	pocharder	3
pétarder	3	piquer	3	pocher	3
péter	18	piqueter	27	pocheter	27
pétiller	3	piquetonner	3	podzoliser	3
pétitionner	3	pirater	3	poêler	3
pétouiller	3	pirouetter	4	poétiser	3
pétrarquiser	3	piser	3	poignarder	3
pétrifier	9	pisser	3	poigner	3
pétrir	32	pissoter	3	poiler	3
pétuner	3	pister	3	poinçonner	3
peupler	5	pistonner	3	poindre [seulement inf. et	
phagocyter	3	piter	3	3e pers. sing. de l'ind.	
philosophailler	3	pitonner	3	prés. et fut.]	82
philosopher	3	pituiter	3	pointer	3
phlogistiquer	3	pivoter	3	pointiller	3
phosphater	3	placarder	3	poireauter	3
phosphorer	3	placer	16	poiroter	3
phosphoryler	3	plafonner	3	poisser	3
photocopier	9	plagier	9	poivrer	3
photographier	9	plaider	4	polariser	3
photométrer	18	plaindre	80	polémiquer	3
phraser	3	plainer	4	policer	16
piaffer	3	plaire	110	polir	32
piailler	3	plaisanter	3	polissonner	3
pianoter	3	planchéier [garde toujours		politiquer	3
piauler	3	le é]	4	politiser	3
pickler	3	plancher	3	polliniser	3
picoler	3	planer	3	polluer	7
picorer	3	planeter	27	polycopier	9
picoter	3	planifier	9	polygoniser	3
picrater	3	planquer	3	polymériser	3
piéger	22	planter	3	polyploïdiser	3
pierrer	4	plaquer	3	polyviser	3
piéter	18	plasmifier	9	pommader	3
piétiner	3	plastifier	9	pommeler (se)	24
pieuter	3	plastiquer	3	pommer	3
pif(f)er	3	plastronner	3	pomper	3
piffrer	3	platiner	3	pomponner	3
pigeonner	3	platiniser	3	poncer	16
piger	17	platoniser	27	ponctionner	3
pigmenter	3	plâtrer	3	ponctuer	7
pignocher	3	plébisciter	3	pondérer	18
piler	3	pleurer	5	pondre	75
piller	3	pleurnicher	3	ponseler	24
pilonner	3	pleuvasser [unipersonnel]	3	ponter	3
piloter	3	pleuviner [unipersonnel]	3	pontifier	9
pimenter	3	pleuvocher [unipersonnel]:	3	pontiller	3

ruisseler	24	saucissonner	3	séjourner	3
ruminer	3	saumurer	3	sélecter	4
rupiner	3	sauner	3	sélectionner	3
ruser	3	saupoudrer	3	seller	4
russifier	9	saurer	3	sembler	3
rustiquer	3	saurir	32	semer	19
rutiler	3	sauteler	24	semoncer	16
rythmer	3	sauter	3	senner	4
sabler	3	sautiller	3	sensibiliser	3
sablonner	3	sauvegarder	3	sentir	37
saborder	3	sauver	3	seoir	67
saboter	3	sauveter	27	séparer	3
sabouler	3	saveter	27	septupler	3
sabrer	3	savoir	59	séquestrer	3
saccader	3	savonner	3	sérancer	16
saccager	17	savourer	3	serfouir	32
saccharifier	9	scalper	3	sérialiser	3
sacquer	3	scandaliser	3	sérier	9
sacraliser	3	scander	3	seriner	3
sacrer	3	scarifier	9	seringuer	3
sacrifier	9	sceller	4	sermonner	3
safraner	3	scheider	4	serpenter	3
saietter	4	scheloter	3	serper	3
saigner	4	schématiser	3	serrer	4
saillir (faire saillie)	50	schistifier	9	sertir	32
saillir (s'accoupler)	32	schlinguer, gu partout	3	servir	38
saisir	32	schlitter	3	sévir	32
saisonner	3	schloter	3	sevrer	19
salabrer	3	scier	9	sexer	4
salarier	9	scinder	3	sextupler	3
saler	3	scintiller	3	sexualiser	3
salicyler	3	sciotter	3	shampooiner	3
salifier	9	scléroser	3	shampouiner	3
salir	32	scolariser	3	shérardiser	3
saliver	3	scorifier	9	shooter	3
saloper	3	scotcher	3	shunter	3
salpêtrer	4	scotomiser	3	sidérer	18
saluer	7	scraber	3	siéger	22
sanctifier	9	scratcher	3	siester	4
sanctionner	3	scribler	3	siffler	3
sandwicher	3	scribouiller	3	siffloter	3
sanforiser	3	scruter	3	signaler	3
sangler	3	sculpter	3	signaliser	3
sangloter	3	sécher	18	signer	3
saouler	3	secondariser	3	signifier	9
saper	3	seconder	3	silhouetter	4
saponifier	9	secouer	6	silicater	3
saquer	3	secourir	45	silicatiser	3
sarcler	3	sécréter	18	siliconer	3
sarmenter	3	sectionner	3	sillonner	3
sarper	3	sectoriser	3	similiser	3
sarter	3	séculariser	3	simpleter	27
sasser	3	sécuriser	3	simplifier	9
satelliser	3	sédentariser	3	simuler	3
satiner	3	sédimenter	3	sinapiser	3
satiriser	3	séduire	98	singer	17
satisfaire	109	segmenter	3	singulariser	3
saturer	3	ségrayer	11	siniser	3
saucer	16	seiner	4	sintériser	3

L'accord du participe passé

1. Conjugué avec *être*

A. Le participe passé s'accorde en genre et en nombre avec le sujet.

La villa a été LOUÉE *pour les vacances. Les feuilles sont* TOMBÉES. *Nos amis sont* VENUS *hier. Les rues sont bien* ÉCLAIRÉES.

B. Avec les verbes à la forme pronominale :

1. Le participe passé des verbes réfléchis ou réciproques s'accorde avec le sujet quand le pronom réfléchi est objet direct.

Ils se sont BAIGNÉS. *Pierre et Paul se sont* BATTUS. *Ils se sont* ENTRAIDÉS.

2. Le participe passé des verbes essentiellement pronominaux s'accorde toujours avec le sujet,

Ils se sont APERÇUS *de leur erreur. Elles se sont* TUES. *Elles se sont* REPENTIES *de leurs fautes. Comment s'y est-elle* PRISE ?

sauf avec les verbes : *s'arroger, se rire, se plaire, se déplaire, se complaire* (dans une situation) [pour ces trois derniers verbes l'usage varie].

mais : *Elle s'est* RI *de nous. Ils se sont* COMPLU (ou COMPLUS) *dans cette situation.*

3. Le participe passé des verbes pronominaux dont le pronom réfléchi ou réciproque est complément d'objet indirect reste invariable,

Ils se sont NUI.
Ils se sont PARLÉ. *Ils se sont* SOURI.
Elle s'est IMPOSÉ *des pénitences ;*

sauf si un autre pronom objet direct précède le verbe et commande alors l'accord.

mais : *Les pénitences qu'elle s'est* IMPOSÉES. *Les choses qu'ils se sont* IMAGINÉES. *Cette permission, il se l'est* ACCORDÉE.

4. Le participe passé d'un verbe pronominal suivi d'un infinitif

— s'accorde si le pronom réfléchi est objet direct du participe ;

Elle s'est SENTIE *mourir ;*

— reste invariable si le pronom réfléchi est objet direct de l'infinitif.

mais : *Elle s'est* LAISSÉ *enfermer. La robe qu'elle s'est* FAIT *faire. Elle s'est* SENTI *piquer par un moustique.*

2. Conjugué avec *avoir*

1. Le participe passé s'accorde en genre et en nombre avec le complément d'objet direct lorsque celui-ci le précède.

Vous avez pris la bonne route ; mais : *La bonne route* QUE *vous avez* PRISE. *Vous avez envoyé une lettre, je* L'*ai bien* REÇUE.

2. Le participe passé de certains verbes comme *coûter, valoir, peser, mesurer, courir, vivre, régner,* etc., s'accorde avec le complément d'objet direct des emplois transitifs (généralement figurés) de ces verbes.

(Ne pas confondre avec les compléments de prix, de poids, de mesure, etc., des emplois intransitifs.)

Les dangers QUE *j'ai* COURUS. *Les efforts* QUE *ce travail m'a* COÛTÉS; mais : *Les cent francs que ce livre m'a* COÛTÉ [complément de prix]. *La vie* QU'*elle a* VÉCUE *ici*; mais : *Pendant les mois qu'il a* VÉCU *ici* [complément de temps].

3. Le participe passé des verbes impersonnels reste invariable.

Les deux jours qu'il a NEIGÉ. *La chaleur qu'il a* FAIT. *Les accidents nombreux qu'il y a* EU *cet été.*

4. Le participe passé précédé de « l' » représentant une proposition ou un pronom neutre reste invariable.

La journée fut plus belle qu'on ne L'*avait* PRÉVU. *Je* L'*avais bien* DIT.

5. Avec une expression collective comme complément d'objet direct placé avant, le participe passé s'accorde soit avec le mot collectif, soit avec le mot complément du collectif;

mais avec un adverbe de quantité modifiant ce complément, c'est le complément qui commande l'accord.

Le grand nombre de succès QUE *vous avez* REMPORTÉ (ou REMPORTÉS). *Le peu d'attention* QUE *vous avez* APPORTÉ (ou APPORTÉE).

Que de craintes nous avons EUES! *Combien de fautes avez-vous* FAITES?

6. Suivi d'un infinitif, le participe passé s'accorde avec le pronom qui précède si celui-ci est objet direct du participe;

mais il reste invariable lorsque le pronom est objet direct de l'infinitif.

La cantatrice QUE *j'ai* ENTENDUE *chanter.*

Les airs que j'ai ENTENDU *jouer. La ville qu'on m'a* DONNÉ *à décrire. Les conseils que vous auriez* DÛ *écouter.*

7. Les participes *dit, dû, cru, su, pu, voulu, pensé, permis, prévu,* etc. :

a) sont invariables lorsque l'objet direct est un infinitif ou une proposition à sous-entendre;

J'ai fait tous les efforts que j'ai PU (sous-entendu : *faire*). *Il m'a donné tous les renseignements que j'ai* VOULU (sous-entendu : *qu'il me donnât*).

b) à l'exception de *pouvoir,* ces verbes peuvent aussi avoir un objet direct les précédant : il y a alors accord;

J'ai obtenu la réparation QUE *j'ai* VOULUE. *Il a cité les paroles* QUE *je lui avait* DITES.

c) précédés du pronom relatif *que,* objet direct d'un verbe placé après le participe, il n'y a pas d'accord.

La faveur qu'il a ESPÉRÉ *qu'on lui accorderait* (= il a espéré qu'on lui accorderait cette faveur).

. Précédé de *en,* le participe passé este invariable, *en* étant considéré comme un neutre partitif complément déterminatif du nom *partie* (ou *quantité*) sous-entendu ; certains grammairiens font cependant l'accord, considérant *en* comme complément d'objet partitif dont le genre et le nombre sont ceux du nom représenté.

J'ai cueilli des fraises dans le jardin et j'en ai MANGÉ (= j'ai mangé une partie des fraises). *Elle a des yeux comme on n'en a jamais* vus.

Lorsque *en* est précédé d'un adverbe de quantité, on fera de préférence l'accord, mais là aussi l'usage est indécis.

Autant d'ennemis il a attaqués, autant il en a VAINCUS.

Participes passés toujours invariables

Un certain nombre de verbes conjugués avec *avoir* ont un participe passé toujours invariable ; en voici une liste :

abondé	conversé	folâtré	miaulé	profité	soupé
accédé	convolé	folichonné	mugi	progressé	sourcillé
afflué	coopéré	fourmillé	musé	prospéré	souri
agi	correspondu	fraternisé	nasillé	pu	subsisté
agioté	croassé	frémi	navigué	pué	subvenu
agonisé	culminé	frétillé	neigé	pullulé	succédé
appartenu	daigné	frissonné	niaisé	radoté	succombé
babillé	découché	fructifié	nui	raffolé	sué
badaudé	dégoutté	geint	obtempéré	râlé	suffi
badiné	déjeuné	gémi	obvié	rampé	surnagé
baguenaudé	démérité	giboyé	officié	réagi	survécu
banqueté	démordu	godaillé	opiné	récriminé	sympathisé
batifolé	déplu	godillé	opté	regimbé	tablé
bavardé	dérogé	gravité	oscillé	regorgé	tâché
boité	détoné	grelotté	pactisé	relui	tardé
bondi	détonné	grisonné	parlementé	remédié	tatillonné
boursicoté	devisé	guerroyé	participé	renâclé	tâtonné
bramé	dîné	henni	pataugé	résidé	tempêté
brigandé	discordé	herborisé	pâti	résisté	temporisé
brillé	discouru	hésité	patienté	résonné	tergiversé
bronché	divagué	influé	péché	resplendi	tonné
cabriolé	dormi	insisté	périclité	ressemblé	topé
caracolé	douté	intercédé	péroré	retenti	tournoyé
chancelé	duré	jaboté	persévéré	ri	toussé
cheminé	erré	jasé	persisté	ricané	transigé
circulé	éternué	jeûné	pesté	rivalisé	trébuché
clabaudé	étincelé	joui	pétillé	rôdé	trépigné
clignoté	excellé	jouté	philosophé	ronflé	trimé
coassé	excipé	lambiné	piaulé	roupillé	trinqué
coexisté	faibli	larmoyé	pirouetté	ruisselé	triomphé
coïncidé	failli	lésiné	pivoté	rusé	trôné
commercé	fainéanté	louvoyé	pleurniché	sautillé	trottiné
comparu	fallu	lui	plu (plaire)	scintillé	vaqué
compati	ferraillé	lutté	plu (pleuvoir)	séjourné	végété
complu	finassé	maraudé	pouffé	semblé	verdoyé
concouru	flamboyé	marché	pouliné	sévi	vétillé
condescendu	flâné	médit	préexisté	siégé	vivoté
contrevenu	flotté	menti	préludé	sombré	vogué
contribué	foisonné	mésusé	procédé	sommeillé	voyagé

SYSTÈME PHONÉTIQUE

	SONS DU LANGAGE	NOTATION PHONÉTIQUE	EXEMPLES
voyelles orales	a antérieur	[a]	*lac, cave, agate, il plongea*
	a postérieur	[ɑ]	*tas, vase, bâton, âme*
	e fermé	[e]	*année, pays, désobéir*
	e ouvert	[ɛ]	*bec, poète, blême, Noël, il peigne, il aime*
	i bref ou long	[i]	*île, ville, épître*
	o ouvert long ou bref	[ɔ]	*note, robe, Paul*
	o fermé bref ou long	[o]	*drôle, aube, agneau, sot, pôle*
	ou	[u]	*outil, mou, pour, goût, août*
	u	[y]	*usage, luth, mur, il eut*
	eu ouvert bref ou long	[œ]	*peuple, bouvreuil, bœuf*
	eu fermé bref ou long	[ø]	*émeute, jeûne, aveu, nœud*
	e	[ə]	*me, grelotter, je serai*
nasales semi-voyelles ou semi-consonnes	e nasalisé ouvert	[ɛ̃]	*limbe, instinct, main, saint, dessein, lymphe, syncope*
	a nasalisé ouvert	[ɑ̃]	*champ, ange, emballer, ennui, vengeance*
	o nasalisé	[ɔ̃]	*plomb, ongle, mon*
	œ nasalisé	[œ̃]	*parfum, aucun, brun, à jeun*
	y	[j]	*yeux, lieu, fermier, liane, piller*
	u	[ɥ]	*lui, nuit, suivre, buée, sua*
	ou	[w]	*oui, ouest, moi, squale*
consonnes	occlusive labiale sourde	[p]	*prendre, apporter, stop*
	occlusive bilabiale sonore	[b]	*bateau, combler, aborder, abbé, snob*
	occlusive dentale sonore	[d]	*dalle, addition, cadenas*
	occlusive dentale sourde	[t]	*train, théâtre, vendetta*
	occlusive palatale sourde	[k]	*coq, quatre, carte, kilo, squelette, accabler, bacchante, chrome, chlore*
	occlusive palatale sonore	[g]	*guêpe, diagnostic, garder, gondole*
	fricative labio-dentale sourde	[f]	*fable, physique, fez, chef*
	fricative labio-dentale sonore	[v]	*voir, wagon, aviver, révolte*
	fricative sifflante sourde	[s]	*savant, science, cela, façon, patience*
	fricative sifflante sonore	[z]	*zèle, azur, réseau, rasade*
	fricative chuintante sonore	[ʒ]	*jabot, déjouer, jongleur, âgé, gigot*
	fricative chuintante sourde	[ʃ]	*charrue, échec, schéma, shah*
	liquide latérale	[l]	*lier, pal, intelligence, illettré, calcul*
	liquide (vibrante)	[r]	*rare, arracher, âpre, sabre*
	nasale labiale	[m]	*amas, mât, drame, grammaire*
	nasale dentale	[n]	*nager, naine, neuf, dictionnaire*
	nasale dentale mouillée	[ɲ]	*agneau, peigner, baigner, besogne*

Les sons indiqués entre parenthèses dans les tableaux de conjugaisons peuvent être supprimés dans la prononciation courante.

Photocomposition M.C.P. — Fleury-les-Aubrais

Imprimerie Berger-Levrault, Nancy - Dépôt légal février 1980-1ᵉʳ - 779978
Nᵒ de série Éditeur 12609. Imprimé en France *(Printed in France)* – 80000-M-Mai 1985